최고의 먹방 유튜브 크리에이터가 소개하는
한국의 골목식당들
시그니처로 승부하는 내 주변 맛집들

최고의 먹방 유튜브 크리에이터가 소개하는 한국의 골목식당들
시그니처로 승부하는 내 주변 맛집들

2022년 4월 25일 1판 1쇄 발행

지은이 이영호
쯔양(콘텐츠) (주)문래빗
펴낸이 조금현
펴낸곳 도서출판 산지
전화 02-6954-1272
팩스 0504-134-1294
이메일 sanjibook@hanmail.net
등록번호 제390-251002018000148호

Copyright 쯔양 콘텐츠 ⓒ ㈜문래빗 All Rights Reserved.
Copyright 음식미학(글) ⓒ 이영호 All Rights Reserved.
ISBN 979-11-91714-09-8 03320

최고의 먹방 유튜브
크리에이터가 소개하는 한국의
골목식당들

시그니처로 승부하는 내 주변 맛집들

이영호 지음

신지
SANJI

시작하기 전에 ✿

① 이 책은 한국의 모든 골목식당들이 많은 분들에게 알려져 널리 도움 되기를 바라는 취지로 골목식당 먹방을 진행해온 '쯔양'의 유튜브 채널의 도움을 받았습니다.

② 이 책에 한국의 골목 음식들을 소개하는 순서는 임의적이고 무순(無順)으로서, 한국인들에게 익숙한 많은 골목 음식들 가운데 일부 선별하여 소개하였습니다.

③ 이 책에 소개된 음식 관련 묘사, 유래, 조리법, 식사 방법 등은 필자의 주관적 경험치와 마케팅 분석에 따른 것이고, 한국의 골목식당들의 실제 조리법과 다를 수 있음을 미리 말씀드립니다. 음식을 표기함에 있어 모든 메뉴의 명칭은 일반 띄어쓰기 규칙을 무시하고 일괄 붙여쓰기 하였습니다.

④ 본 도서에 사용된 '쯔양' 관련 상표 및 콘텐츠 사용은 저작권자에게 사전 승인을 받으셔야 합니다. 저작권자는 ㈜문래빗 partner@moon-rabbit.co.kr 입니다.

⑤ 본 도서에 사용된 '쯔양' 관련 콘텐츠의 저작권은 ㈜문래빗의 소유로 '쯔양' 관련 사진은 유튜브 'tzuyang쯔양(www.youtube.com/channel/

UCfpaSruWW3S4dibonKXENjA)'에서 보실 수 있습니다. 이 책에 사용된 쯔양 관련 콘텐츠는 카메라 화면 특성상 좌우 반전된 형태로서 카메라 초점, 렌즈, 조명 등의 여건에 따라 실제와 차이가 있을 수 있으며 '쯔양' 먹방에서 쯔양의 멘트가 글로 게재되어 있습니다.

⑥ 본 도서에 소개된 각 음식의 유래와 역사 설명은 여러 설(說) 또는 관련 자료 등에 의한 것이지만 대부분 음식의 유래는 확정하기 어렵고 최초의 창시 자를 확인하기 어려운 특성이 있음을 양지하여 주시기 바랍니다.

⑦ 본 도서에서 '시그니처'란 '인기 메뉴'라는 의미로서 한국의 골목식당 들 공통의 인기 메뉴가 되어 맛의 차별화를 통해 발달해온 수많은 골목 음식 들 가운데 본 도서 방향에 따라 일부 선별한 것임을 밝힙니다.

⑧ 〈최고의 먹방 유튜브 크리에이터가 소개하는 한국의 골목식당들, 시그 니처로 승부하는 내 주변 맛집들〉은 한국의 골목 음식의 맛을 차별화함으로 써 시그니처로 만드는 골목식당들이라는 의미이며 각 음식에 따라 임의로 골 목식당을 선택하여 소개하였습니다.

⑨ 한국의 골목식당 찾아가기! 쯔양이 찾아간 골목식당들은 뒷부분에 소 개해드렸습니다. 지면 관계상 더 많은 곳을 소개해드리지 못한 점 너그러이 양해 부탁드립니다.

⑩ 쯔양이 찾아간 골목식당들에 소개된 골목식당은 유튜브 쯔양 채널에서 2021. 9. 17. 부터 2022. 3. 17.까지 먹방에 소개된 곳들 가운데 지면 여건상

임의적으로 선택하였음을 양해 부탁드립니다.

⑪ 이 책에 첨부된 '온라인에서 직접 상표 등록하는 방법'을 참조하셔서 소중한 상표권을 보호하시는데 도움되시길 바랍니다.

⑫ 이 책에 첨부된 '상표 사용계약서'는 얼마든지 자유롭게 수정하셔서 사용하실 수 있습니다.

⑬ 이 책 판매수익금의 일부는 골목식당 홍보 지원 프로젝트에 사용될 계획으로 골목식당 홍보 지원 프로젝트는 '랜선 프로모션'의 일환으로서 추후에 공개될 예정입니다.

이런 메뉴 어때요? ✿

김치탕, 김치꼬치, 김치(심)구이, 닭갈비국수, 닭갈비완자면, 닭갈비덮밥, 닭갈비 볶음밥, 짜장칼국수, 카레칼국수, 칼국수떡볶이, 튀김만두 칼국수, 돈칼국수, 세발국수, 무지개칼국수, 회절편, 김회, 비빔초밥, 튀김초밥, 굴덮밥, 간장굴갈비, 양념굴꼬치, 굴칼국수, 굴볶이, 데굴데굴, 뿔면, 봉지면, 라면탕, 건빵면, 내추럴직화구이, 봉떡연탄구이, 통오징어연탄(석쇠)구이, 스테이크 연탄(석쇠)구이, 연탄구이즉석피자, 명란연탄(석쇠)구이, 명란꼬치탕, 명란덮밥, 주꾸미연탄(석쇠)구이, 주꾸미크림스파게티, 주꾸미보쌈, 도가니무침, 도가니조림, 도가니볶음, 갈떡꼬치, 떡맛탕 , 떡밥, 찍떡, 볼떡, 곱창찜, 곱창김치말이, 곱창조림, 곱창면, 과메기연탄구이, 과메기삼합, 과메기양념숯불구이, 과메기무침, 훈제어묵, 어묵마요비빔국수, 어묵밥, 곱창쟁반, 어묵쟁반, 놋쟁반칼국수, 순대무침, 순대꼬치, 순대만두, 닭꼬치무침, 닭꼬치갈비, 닭꼬치우동, 닭꼬치탕, 닭날개꼬치, 새우닭꼬치, 닭껍질말이튀김, 뼈없는양념닭 발꼬치구이, 닭목살 양념꼬치, 참치뼈라면, 참치볶음덮밥, 간장참치덮밥, 참치갈비, 매운치킨탕수, 치킨앤무꼬치, 매운닭 가슴살연탄구이, 닭한마리 통치킨, 족발초무침, 족발국수, 불향족발

위 메뉴가 궁금하십니까?

어디서 많이 들어본 음식인가요? 여러분도 한번쯤 만들어본 음식인가요? 골목 음식에서 또 다른 '원조 맛집'이 탄생하기를 기대하며 다양한 아이디어 메뉴를 소개해드렸습니다. 구체적인 레시피를 소개해 드린 것은 아닙니다. 다만 새로운 메뉴를 개발하는 아이디어로 활용될 수 있을 것입니다. 자신만의 시그니처 메뉴로 자유롭게 사용하셔도 됩니다.

들어가는 글

최고의 먹방 유튜버 쯔양과 함께 하는 골목식당들

한국 골목식당의 음식과 식당들에 대한 이야기 〈최고의 먹방 유튜버가 소개하는 한국의 골목식당들: 시그니처로 승부하는 내 주변 맛집들〉이 선보이게 되었습니다.

코로나 팬데믹으로 인해 한국의 자영업자 골목식당 사장님들이 그 어느 때보다 어려운 시기를 보내고 있습니다. 이 책은 골목식당 사장님들이 힘든 시기를 극복하는데 있어 미력하나마 도움을 드리고자 기획되었습니다.

각종 방송프로그램을 통해 선한 영향력을 베푸는 먹방쿡방 최고의 1인 크리에이터 '쯔양' 채널에서 이 책의 좋은 취지를 공감해주셨습니다.

쯔양의 먹방은 많은 사람들에게 사랑을 받고 있습니다. 이유가 무엇일까요? 저는 나름대로 생각해보았습니다. 먼저 쯔양은 겸손하고 순수합니다. 친근한 인사로 사람들을 만나며 언제나 해맑게 웃습니다. 상냥하고 사랑스러워 보는 이들이 즐거워집니다.

예쁘고 날씬한 쯔양이 먹는 양을 보면 사람들은 감탄사를 외칩니다. 기대

이상, 반전이 주는 즐거움입니다. 보는 것만으로도 신기하고 행복합니다. 그녀의 먹방 프로그램이 인기있는 이유가 아닐까요?

또 하나의 이유가 있습니다. 쯔양은 화려하지 않습니다. 그녀의 먹방에 등장하는 식당들은 대부분 골목식당입니다. 미식가들이 찾는 크고 화려한 식당이나 잘 꾸며진 고급스러운 식당이 아닙니다. 동네 골목 허름하지만 오랜 시간 음식을 팔아왔던 식당들이 대부분입니다.

간판은 낡고 세월의 때가 묻은 내부 인테리어의 오래된 골목식당들, 그녀가 찾은 많은 곳이 바로 그런 작은 골목식당들이었습니다. 슬리퍼를 신고 추리닝을 입고도 갈 수 있는 편안하고 소박한 식당, 그러나 진한 맛이 있고 푸짐한 양으로 배불리 먹을 수 있는 골목식당들입니다.

1,000원 국수, 2,000원 탕수육! 쯔양이 말합니다.

"이거 다 해서 11,000원? 어떡해?"

너무 맛있고 푸짐하게 먹었는데 값은 너무 싼 그런 소박한 골목식당이 아직도 우리 주변에 너무 많다는 이야기죠.

쯔양이 바로 우리의 정이 느껴지는 그런 골목식당을 찾아다녔기에 사람들은 더 쯔양의 먹방에 환호하며 좋아하는 건 아니었을까요? 그동안 그렇게 쯔양의 먹방은 한국의 골목식당들을 알리고 돕는데 큰 역할을 해왔던 것입니다.

골목식당을 소개하고 돕기 원하는 이책의 취지에 쯔양 님이 공감해 주었고 힘을 실어주셔서 책 속에 쯔양 님의 먹방 이야기가 글과 사진으로 담길 수 있게 되었습니다.

이 책의 내용을 간략하게 소개해드리면 이렇습니다.

먼저 20가지 한국의 골목식당 음식들에 대한 이야기가 펼쳐집니다. 음식의 유래와 역사 혹은 사회 문화 속에서 어떻게 자리를 잡아왔는지에 대한 이야기들입니다. 오랜 시간 흘러내려온 정(情)이 담긴 음식 이야기입니다.

그런 다음 골목식당 사장님들이 각각의 음식으로 개발할 수 있는 메뉴들을 소개했습니다. 가령, 순대를 소개하면서 순대와 연관된 여러 가지 새로운 메뉴 아이디어를 제안했습니다. 시그니처로 개발할 수 있는 메뉴의 활용 아이디어들입니다. 우리 식당만의 특별한 메뉴를 개발하는 것은 식당을 운영하는 사장님들에게 늘 고민이고 숙제같은 것이니까 말이죠. 이를 통해 골목식당 사장님들께서 새로운 메뉴 개발에 많은 아이디어를 얻을 수 있으리라 봅니다.

새로운 메뉴를 개발했다면 반드시 해야할 일이 있습니다. 바로 상표를 등록하는 것입니다. 그러나 대부분의 자영업자들이 이부분을 소홀히 여기다가 낭패를 당합니다. 새로운 메뉴뿐 아니라 기존에 가지고 있는 시그니처 메뉴도 반드시 등록부터 해두어야 합니다. 가게 상호도 마찬가지입니다.

이 책(부록)에서는 골목식당 사장님들을 위해 식당 상호나 메뉴 이름을 상표출원하는 방법에 대해 적어두었습니다. 변리사를 통하지 않고 온라인에서 쉽게 상표출원 및 등록하는 방법을 설명했습니다. 이 책에서 안내하는 방법대로 따라한다면 굳이 많은 돈을 쓰지 않아도 혼자 손쉽게 인터넷에서 상표출원과 등록을 할 수 있습니다.

추가로, 상호와 메뉴를 등록하고 이후 다른 사람에게 내 상표를 빌려주는 경우에 사용하실 수 있는 '계약서' 양식도 첨부되어 있으므로 내용을 수정하여 사용할 수 있을 것입니다.

마지막으로 이 책에서는 쯔양이 방문했던 골목식당들(유튜브 채널 '쯔양'에서 2021.9.17.~2022.3.17. 먹방에 소개된 곳)을 지면이 허락하는대로 소개했습니다. '쯔양이 찾아간 골목식당' 코너에서 골목 음식 메뉴별로 식당의 정보와 함께 소개하였으니 쯔양이 방문했던 식당을 방문하고 싶어하시는 독자들에게 도움이 되리라 봅니다.

한국의 시그니처가 된 골목 음식 이야기를 시작하면서

떡볶이, 튀김, 김밥, 호떡, 칼국수, 잔치국수, 수제비, 붕어빵, 오뎅, 순대, 만두, 쫄면, 라떡 등 한국의 골목식당에서 맛볼 수 있는 대표 메뉴를 꼽으라면 막상막하 우열을 가리기 힘든 음식들을 줄지어 나열하게 됩니다.

이뿐 아닙니다.

'밥' 종류는 어떤가요?

한국인의 주식(主食) '밥'만 하더라도 세분화되어 김밥, 김치볶음밥, 오므라이스, 김치찌개, 부대찌개, 생선구이, 제육덮밥, 제육볶음 등 밥과 섞는 양념과 곁들이는 식재료에 따라 헤아릴 수 없을 정도로 종류가 늘어납니다.

그러면 '밥' 관련 메뉴 중에서도 '김밥'을 볼까요?

개인의 호불호 취향에 따라 김밥 선호도가 나뉠지는 모릅니다만, 우선 생각나는대로만 그 종류를 헤아려보더라도 **참치김밥, 야채김밥, 불고기김밥, 참치마요김밥, 김치김밥, 우엉김밥, 원조김밥, 날치알김밥, 모둠김밥, 스팸김밥, 돈가스김밥** 등, 김밥에 어떤 속재료를 넣느냐에 따라 그 종류가 계속 늘어납니다.

그뿐 아니죠.

충무김밥도 있고요, 김밥의 양쪽 끝을 '**김밥꼬투리**'라고 하는데 식재료가 많이 들어가서 특히 인기가 높은 그 '꼬투리' 부분만을 판매하는 프랜차이즈 식당도 생겼을 정도였으니 음식의 메뉴를 꼽으라면 불가능할 정도입니다.

이 글을 읽는 한국인 독자들이라면 대부분 공감하실 것 같은데요, 신기하게도 한국인들은 위 메뉴들을 대부분 한번씩은 모두 먹어봤다는 게 더 놀라운 일이기도 하죠. 그래서 생각해보면 골목식당의 메뉴들, 이른바 '골목 음식'이야말로 오늘의 한국인을 키우는데 막대한 영향을 주었다고 할 수 있을 것입니다.

게다가 위 골목식당 메뉴를 떠올리면 문득 어린 시절 함께 어울려 뛰놀던 친구들 얼굴도 기억나고 졸업식이나 소풍 때 도시락을 나눠먹던 동창생들 얼굴도 떠오르게 되는데요, 이쯤 되면 골목식당은 아주 오래 전부터, 그러니까 우리네 부모님 세대로부터 우리들까지 이어져 내려오면서 삶을 함께 해왔다고 할 것입니다. 그것도 각 음식마다 저마다의 추억과 이야기를 담은 채 말이죠.

예를 들어, 짜장면에 관한 이야기는 어떤가요?

'졸업식날 부모님과 함께 먹던 짜장면'이 있습니다. 옛날 짜장면을 기억한다면 그분들은 지금은 중년이 되어 살아가는 세대이겠지만요, 이분들이 학교 다닐 때는 졸업식 같은 특별한 날이면 짜장면을 먹는 게 행사였습니다.

아이들 졸업식이나 입학식 후에는 짜장면집에서 모이는 게 순서였을 정도였죠. 하지만 그 당시에도 생활이 넉넉한 집과 그렇지 않은 집의 차이가 있어서요, 가난한 가정에서는 짜장면 값이 부담될 수 있었습니다. 오죽하면 아이들 더 먹이려고 어머니는 짜장면이 싫다고 하셨다는 노래 가삿말까지 나왔겠습니까.

그뿐인가요?

짜장면에 대한 이야기를 하면서 당구 좋아하시는 분들은 공감하실 텐데요, '당구장에서 시켜먹던 짜장면'에 대한 추억도 있습니다. 이상하게 중식당에

가서 편하게 앉아서 먹는 것보다 당구장에서 당구치면서 한 켠에 쭈그리고 앉아 먹는 **짜장면**이 더 맛있다는 분들도 많습니다.

또 있죠?

이사하는 날엔 으레 **짜장면**을 먹어주는 게 국룰(국가대표 룰)입니다. 이삿짐 정리하다가 바닥에 신문지 펴고 모여 앉아 먹는 **짜장면** 맛은 그 무엇과도 비교할 수 없을 정도로 맛있죠. 반찬이라고는 노란 단무지 한 조각뿐인데 먼지 풀썩이며 짐 정리하다가 먹는 **짜장면** 한 그릇이 왜 그리 맛있는지요.

졸업식이나 입학식, 당구장, 이사하는 날에 먹는 **짜장면**이 왜 유독 맛있게 느껴지는지 아십니까? 단지 추억이 깃들어서만은 아니랍니다.

실은, 사람의 몸은 스트레스를 받으면 당분이 당기는데요, **짜장면**에 많이 포함된 달달한 맛이 우리 몸에 들어가면서 더 맛있다고 느껴지는 이유였던 것이죠. 음식에서 느낀 '그 맛'이 우리들의 인생 스토리와 섞여서 오래도록 기억되는 이야기가 된 것입니다.

"순대를 주문했는데 간이나 허파를 왜 주는지 아십니까?"

이 질문에 대한 답은 한국의 시그니처가 된 골목 음식들을 소개하는 〈한국의 골목식당들: 시그니처로 승부하는 내 주변 맛집들〉의 문을 열면서 말씀드리겠습니다.

이 책에서 다루는 한국의 골목 음식들은 한국의 시그니처 메뉴라고 부를 만합니다. 이 책에서 소개한 한국의 골목 음식들이 'K-골목 음식'이 되어 세계 각지에서 유명하게 되기를 기대합니다.

2022년 4월 저자 이영호

목차 . . .

. . . 한국의 골목식당들 **목차**

정(情)을 담은 음식 이야기 1

김치

어디에서 먹더라도
한국을 느끼게 해주는
맛이에요

음식은 풍습이고 문화입니다.

그래서 어떤 음식의 유래나 역사가 궁금하다면 그 음식과 관련된 풍습이나 문화부터 먼저 살펴봐야 합니다. 어떤 음식이 어느 나라에서 시작되었다면 그 나라에 그 음식과 관련된 풍습이나 문화가 있기 때문입니다.

왜냐하면 음식이란 어느 날 갑자기 '툭' 나타나는 게 아니라 오랜 역사를 거쳐 풍습이 되고 문화가 되어 그 나라 사람들에 의해 이어지고 발달해오기 때문입니다. 풍습이나 문화가 없는 음식은 모방이나 아류가 될 수는 있어도 기원이나 원조가 될 수는 없습니다.

한국에는 김치와 관련된 풍습이 있고 문화가 있습니다.

대표적으로 '김장철'이 있습니다. 입동(立冬) 무렵이 되면 하루 평균 기온이 섭씨 4도 내외로 떨어집니다. 하루 최저 기온이 영하로 접어들기 시작하면 김장철이 됩니다. 회사에 다니는 사람들에게는 '김장보너스'라는 명목으로 돈이 지급되기도 했습니다.

우리나라가 김치 종주국인 이유

김장은 일년 중 가장 큰 행사였습니다. 지금처럼 저장 기술이 발달하지 못했던 과거에는 김치야말로 겨울을 보낼 대표적인 저장식품이었기 때문이죠. 온 가족들이 모여 산더미처럼 쌓인 배추를 소금에 절이고, 채 썬 무랑 굴이랑 양념을 준비해서 배춧속을 넣었습니다.

김장이 끝나면 가족과 친지들이 김장김치를 나눠가졌습니다. 이처럼 한국에서는 겨울철 김장김치가 필수였기에 집집마다 김장철이 되면 일손이 바빠지곤 했지요.

김장을 담글 때만 맛 볼 수 있는 별미도 있습니다. 배춧속쌈인데요, 소금에 절여 물로 씻어낸 배춧잎에 굴을 섞은 김치속을 얹어 한 입 베어물면 바다 향이 입 안에 퍼집니다. 신선한 양념과 배춧잎의 아삭함이 제맛이죠.

김장을 담글 때 남자들의 역할은 주로 마당에 구덩이를 파는 일이었습니다. 요즘은 집집마다 김치냉장고가 있지만 예전엔 항아리 속에 김치를 넣고 땅에 묻어 보관했습니다. 김장김치를 항아리에 넣고 땅구덩이에 넣어두면 지열에 의해 그 맛이 오래 보존되고 자연숙성이 일어나 맛이 좋아집니다.

김치 종주국을 이야기할 때는 그 나라에 김치에 관한 문화와 풍습이 있느냐를 말해야 합니다. 김장철이 있고 김장을 담그는 문화와 풍습이 있는 나라,

우리나라가 '김치 종주국'입니다.

우리가 김치를 이야기할 때 중국어로 '泡菜(Pàocài: 포차이)'라고 표기해 줍니다. 그것은 우리가 서울 마포구에 있는 '연남동 공원'을 미국 뉴욕의 센트럴파크에 비유해서 '연트럴파크'라고 부르던 것처럼, 우리나라의 기본 예절상 상대가 우리의 이야기를 이해하기 쉽도록 단순 비교 차원에서 비유를 해주는 것일 뿐입니다. 그러나 센트럴파크가 연남동 공원이 될 수 없는 것처럼 '泡菜(Pàocài)'는 김치가 아닙니다. 우리나라의 김장철 문화는 유네스코가 인류무형유산으로 등재하였습니다.

참고로, 2021년 7월 문화체육관광부는 공공 용어의 외국어 번역 및 표기 지침 훈령을 개정해 김치의 중국어 번역 및 표기를 '신치(辛奇)'로 정했습니다. '김치'의 중국어 표기는 '신치(辛奇)'인 것입니다.

김치에 관한 자료로는 고려(918~1392년)시대 이규보가 지은 〈동국이상국집〉에 '순무로 만드는 장아찌에 관한 기록이나 소금에 절이는 방법'에 대한 기록이 전해집니다. 그러나 음식의 조리법에 대한 기록은 음식이 먼저 생기고 그 다음에 기록되는 것이므로 '장아찌' 또는 '소금에 절여 음식을 만드는 방법'은 훨씬 오래 전부터 이어져 오고 있던 것임을 짐작할 수 있습니다.

한국인의 대표 먹거리 김치의 신비

김치를 만드는 데는 '배추' 외에도 김치 양념을 만들 때 사용하는 무, 굵은 소금, 미나리, 갓, 쪽파, 생강, 마늘, 새우젓, 굴, 찹쌀풀, 고춧가루, 통깨, 밤, 설탕 등이 필요합니다.

김치를 담그는 방법으로 배추는 겉잎을 떼어내고 반으로 자른 후 잘 씻어서 소금에 절여둡니다. 소금물을 만들어 먼저 적신 후 다시 줄기 부분을 중심으로 소금을 더 뿌려줍니다. 대략 대여섯 시간 소금에 절여두었다가 다시 물로 씻어주고요, 배추 밑동은 잘라냅니다.

무는 채를 썰어두고, 쪽파와 갓, 미나리는 손가락 길이로 썰어두며, 굴은 소금물에 담가 흔들어서 씻어냅니다. 다진 마늘과 생강 등의 양념과 함께 새우젓 등의 젓갈류를 준비합니다.

지역에 따라 다르지만 각종 젓갈은 김치맛을 내는데 없어서는 안 될 필수 재료입니다. 세계 어떤 민족도 흉내낼 수 없는 김치의 신비는 바로 배추와 젓갈의 조화가 아닐까 생각됩니다. 우리 조상들의 지혜에 감탄을 하는 대목이지요. 날씨가 따뜻한 남쪽 지역에서는 젓갈을 강하게 사용합니다. 깊은 맛을 내며 저장에 용이하기 때문이지요. 새우젓, 멸치액젓, 까나리액젓, 황석어, 굴, 낙지 등이 다양하게 들어갑니다.

여기에 양념이 잘 섞이도록 찹쌀풀을 쑤어 함께 버무려줍니다. 고춧가루와 준비해둔 무 채, 쪽파, 갓, 미나리 등을 넣고 소금으로 간을 맞추면 김치 양념이 완성됩니다.

그런 다음 절인 배춧잎 사이사이에 양념을 넣고 배추를 잘 여민 후 항아리나 그릇에 차곡차곡 눌러 담아주면 김치 만들기 완성입니다.

김치를 만들어서 묵혀둔 것이나 오래된 김치를 묵은지라고 부릅니다.

김치찌개를 끓일 때 주로 사용하는 묵은지는 1년에서 3년 정도 된 것을 사용하죠. 묵은지라는 이름에서 보듯 김치 이름의 유래는 '지'라고 부르다가 조선 시대에 이르러 '딤채'라고 부르다가 김치가 된 것입니다.

따라서 김치는 배추로 만든 배추김치만을 의미하는 것은 아닙니다.

재료에 따라 무김치(깍두기), 열무김치, 파김치, 오이김치, 고추김치, 갓김치, 고들

빼기김치, 깻잎김치, 우엉김치, 도라지김치, 부추김치 등, 각 지역에 따라, 또 가정에 따라 다양한 종류의 김치들이 있습니다. 김치는 담그는 사람의 실력(?)에 의해서도 그 맛이 달라지는데요, 똑같은 배추김치라고 하더라도 양념을 만드는 방법이나 배추의 숙성도 등 여러 이유에 따라 저마다 다른 맛을 가질 수 있습니다.

김치의 맛은 어떤 젓갈을 사용했는지에 따라, 고춧가루를 얼마나 사용했는지에 따라, 양념으로 어떤 재료를 사용했는지에 따라 달라지는데요, 지역 특산물의 영향을 받기도 했습니다.

가령, 전라도 지역에서는 김치가 매운데, 경상도 지역에서는 김치가 짠맛이 강하다는 특성이 있고요, 어느 지역에선 새우젓을 주로 사용하는데 다른 지역에선 멸치젓을 주로 사용해서 맛을 낸다는 식으로 저마다 김치의 맛에는 차이가 있습니다.

이처럼 한국인의 대표 먹거리인 김치는 참으로 신비한 음식입니다. 바로 해서 먹는 겉절이부터 익혀 먹는 김치, 오래 두고 먹는 묵은지까지 그 맛과 활용도가 다양합니다. 이제는 세계로 진출하는 대표적인 한국의 맛의 상징이기도 합니다.

이런 메뉴 어때요?

김치에서 아이디어를 얻은 다양한 메뉴를 제안합니다. 김치는 어떤 재료를 사용하느냐에 따라 다양한 김치를 만들 수 있는데요, 이 단락에서는 **배추김치**를 더욱 다양하게 만들 수 있는 아이디어를 정리해보면서 배춧속 고갱이(배추 밑동, 배추 뿌리) 부분을 이용하는 방법을 알아보고자 합니다.

① 김치탕

배춧속(고갱이) 부분만을 모아서 다진 소고기를 넣고 양념하여 한 번 더 끓여냅니다. 김치탕은 김치전골, 김치찌개과 다르고 김칫국이랑도 다릅니다. 배추의 고갱이 뿌리 부분을 사용하는데요, 다진 소고기를 배춧속 고갱이 사이에 넣고 기호에 따라 양념을 더하여 육수에 끓여냅니다. 오래 끓이면 배추가 흐물흐물해지므로 적당한 불 조절과 함께 양념이 밸 정도로만 끓여서 접시에 내고 나이프로 잘라서 먹습니다.

배춧속 고갱이는 배추 밑동과 떼지 않고 사용하는 게 포인트입니다. 또는,

소고기를 넣고 끓여 익힌 육수에 배추 고갱이 부분을 데치듯 넣어 익힌 후, 양념소스에 찍어 샐러드처럼 먹어도 별미입니다.

② 김치꼬치

양념한 배춧속 고갱이 부분을 한입에 넣기 적당한 크기로 잘라내어 꼬치에 끼워 숯불에 살짝 익혀냅니다. 식감이 아삭거리고 구운 고구마 맛이 나기도 합니다. 배춧속 고갱이는 배추 뿌리(밑동)랑 연결된 상태를 이용하는데요, 배추 뿌리의 잔뿌리와 끝은 잘라서 떼어내고 사용합니다.

③ 김치(심)구이

배추 뿌리(심) 덩어리 부분만 분리해서 칼집을 내어 양념하고 연탄불에 구워냅니다. 배춧잎은 사용하지 않고요, 오로지 배추 뿌리 밑동 부분만 사용합니다. 나이프로 얇게 썰어 고기를 싸먹어도 좋고요, 김치심 구이 그 상태로 썰어가며 먹어도 맛있습니다.

배추김치를 담글 때 배추 밑동 뿌리 부분은 버려지는 경우가 많은데요, 이 부분을 굽거나 탕에 넣고 끓여 익혀서 먹으면 별미입니다.

쯔양의 맛&말   김치찌개

양파에서 배어나온 육수 때문에
돼지고기 맛이 진한데
느끼하지 않은 맛

장소| 경기도 광명시 기아로 56 『돼지집』
www.youtube.com/watch?v=GepbPDhL1X4

"
안녕하세요, 여러분! 제가 오늘은 제 단골집에 왔거든요.
진짜 많이 갔는데 손님이 워낙 많아가지고. 아마 단골인 것도 모르실
거예요. 그 개그맨 권재관 선배님께서 추천해주셔가지고 온 집인데
그때 오고 반해가지고 단골이 됐거든요.
아니 울릉도에서 너무 생각이 나가지고 지금 바로 왔어요.
"

"들어간 게 특별히 없는데 특이한 맛이 나요. "

"이게 약간 양파 물이 나와서 육수가 만들어지는 느낌? "

"저만 알고 싶은 곳인데 특별히 알려드리는 겁니다! "   "잘 먹었습니다. "

정(情)을 담은 음식 이야기 2

닭갈비

바라보기만 해도
저절로 즐거워지는
맛이에요

우리나라에는 서울 시내 번화가를 비롯하여 어느 도시를 가더라도 빠질 수 없는 요리가 있습니다. 대학가 인근 먹자거리에서는 청춘남녀 데이트 코스로 빼놓을 수 없는 음식이고, 지역 특산물로서는 춘천에서 시작되어 전국 방방곡곡 없는 데 없는 음식, 닭갈비가 그것입니다.

한국인의 위트와 해학, 음식의 풍미가 담긴 대표 음식을 꼽으라면 그 역시 빠질 수 없는 게 닭갈비이기도 합니다. 닭갈비는 닭의 갈빗살을 재료로 하는 게 아니라 닭 다리 살을 이용하기 때문이고요, 숯불에 구워먹기보다는 철판에 볶아먹는 요리이기 때문입니다. 다시 말해서, '닭 다리 살 볶음요리'라고도 부를 수 있는 요리가 닭갈비인 것이죠.

닭갈비라고 생각했는데 닭 다리살이다?

숯불에 굽는 갈비라고 생각했는데 가스불 철판 위에 볶는 볶음이다?

그래서 닭갈비라는 그 명칭에서 돼지갈비나 소갈비에 못지 않은 닭의 가치를 느낄 수 있고요, 숯불구이나 철판볶음 조리법을 사용하면서 대중적으로 더 많은 이들에게 다가갈 수 있도록 배려해주는 마음씀씀이를 알 수 있다고 보입니다.

소갈비나 돼지갈비 대신 닭갈비를 먹으니 좋고, 숯불구이 대신 여러 채소를 함께 먹을 수 있으니 이래저래 영양가치가 더 좋은 것으로 생각되니까요.

서민들의 사랑을 받는 철판 위의 볶음요리

닭갈비는, 명칭 표현은 둘째치고, 이젠 어느 누가 뭐라고 하더라도 한국인들에게 사랑받는 대표 시그니처 메뉴가 된 지 오래입니다.

한입에 쏙 들어갈 정도의 알맞은 크기로 자른 닭고기를 고추장, 간장, 마늘, 생강 등의 재료를 넣어 만든 양념에 하루 정도 재웠다가 고구마, 양배추 등의 여러 채소와 떡을 넣고 함께 숯불에 굽거나 철판 위에 볶아낸 음식으로 한국에서 많은 사랑을 받고 있기 때문입니다.

닭갈비에 대한 이야기를 시작한 김에 조금 더 그 유래를 알아보겠습니다.

닭갈비의 유래는 여러 설이 있습니다. 대표적인 설은 1960년경입니다. 춘천 중앙로 2가 18번지에서 돼지갈비를 막걸리 안주로 제공하며 장사하던 '김영석'이란 분이 있었습니다. 그 무렵 돼지갈비 가격이 폭등하자 닭고기를 돼지갈비 양념에 재웠다가 손님들에게 제공하기 시작한 게 그 시초라고 알려졌습니다.

또 다른 등장 이유는 돼지 가격 폭등이 원인이 아니라 당시 돼지를 밀도살 (몰래 도축)하면서 도축장 도장 표시까지 위조하는 등, 위생상 문제가 발생하니까 사람들이 돼지고기 대신 닭으로 닭갈비를 만들어 먹게 되었다는 의견도 있습니다.

닭갈비란 이름을 한자로 쓰면 '계륵(닭鷄 갈빗대肋)'인데요. 이 단어가 비유하는 의미는 '갖고 있어도 큰 가치는 없는데 버리기엔 아까운 것'을 의미합니다. 후한서〈양수전(楊修傳)〉에서 유래된 고사성어, 유비와 조조가 한중 지역을 놓고 전쟁을 벌일 때의 일화에서 비롯되었습니다.

그래서 외국인들에게도 닭갈비를 글자 그대로 한자로 표기하는 것은 의미가 맞지 않죠. 외국어로 표기할 때는 닭고기양념구이라고 해야 바른 표현이라고 할 수 있습니다.

역사에서 시간을 더 거슬러 올라가보면,〈조선왕조실록 연산군 일기 29권(1497년)〉에 '닭구이(炙鷄:자계)'가 있습니다. 그리고 '자계'라는 요리는 1450년경〈산가요록(山家要錄)〉,〈음식디미방(飮食知味方·1670년)〉,〈규합총서(閨閤叢書·1809년)〉,〈조선무쌍신식요리제법(朝鮮無雙新式料理製法·1924년)〉 등의 책에서 찾아볼 수 있는데요, 닭고기를 여러 조각내서 조리하는 방법, 양념에 재우는 방식이나 구워 익히는 방식이 닭갈비랑 유사하다고 할 수 있죠.

닭갈비 본연의 맛을 즐기고 싶다면 9호(900g)~10호(1Kg)짜리 생닭을 뼈째 조각내서 12시간 정도 양념고추장에 재웠다가 석쇠에 끼워 숯불에 굽기를 추천합니다.

고기를 숯에 구우면 냄새도 사라지고 기름도 빼주면서 육질도 연해집니다. 숯불이 고기에 스며들어 불향도 넣어주고 양념이 육질에 스며들면서 풍미가 강해집니다. 이때 닭갈비랑 곁들이는 반찬은 닭고기에 어울릴 수 있는 새콤매콤한 파무침이나 짭쪼롬한 부추절임 정도면 충분합니다.

닭갈비의 풍미를 더해주는 비결

물론, 불로 달군 철판에 볶음으로 요리하는 방법도 괜찮은데요. 철판에 기름을 두르고 떡이랑 양배추, 고구마, 당근, 파 등의 채소를 넣어 볶아주면 닭갈비의 육즙과 양념, 재료가 어우러지면서 나름의 맛이 생깁니다. 이 경우엔 닭갈비숯불구이와는 또 다른 맛을 즐길 수 있습니다.

조금 더 색다른 맛을 즐기고 싶다면 닭갈비 양념에 특색을 주는 방법이 있습니다. 기본적으로는 고추장, 고춧가루 외에도 인삼, 간장, 설탕, 감초, 당귀, 목초액 등을 넣어서 닭고기에 잘 두른 후 냉장고에서 2~3일간 숙성시켜주도록 합니다.

참고로, 위에서 말씀드렸지만 닭갈비 본래의 맛을 느끼려면 뼈 있는 닭갈비를 먹어야 하는데요, 뼈 없는 닭갈비가 대세인 이유는 닭갈비를 찾는 손님들이 먹는 과정에서 손으로 잡고 닭갈비를 뜯어 먹는 것보다는 손쉽게 젓가락으로 집어 먹는 걸 선호하기 때문인 듯 합니다. 번거로움을 피하기 위해 뼈 없는 닭갈비를 주로 찾으면서 점차 뼈 있는 닭갈비를 제공하는 곳을 찾기 어렵게 된 것 같습니다.

닭갈비는 매운 양념이나 채소 때문에 다소 꺼리고 부담스러워하는 사람들도 있는데요. 매운 양념 대신 갈비 양념에 잰 닭갈비도 추천합니다. 이때 닭고기는 닭 다리 살을 사용하는데 두껍게 썰지 말고 넓적하게 포를 뜨듯이 썰어서 사용합니다. 한 덩어리에 5cm 정도 크기로 잘라낸 닭고기를 사용해야 익을 때 잘 익어서 식감이 좋습니다.

닭갈비를 먹을 때는 가능한 채소와 곁들여서 같이 드시면 좋습니다. 깻잎을 곁들이면 더 좋죠. 소화에도 도움 되고 닭갈비의 풍미를 더해주면서 입맛도 돋웁니다.

닭갈비를 먹은 후에 남은 양념엔 볶음밥을 또 빼놓을 수 없죠. 채소와 닭갈비에서 새어나온 육즙과 어우러진 양념이 닭갈비를 먹는 '진짜 이유'라며 그 맛을 기대하는 분들도 많이 계시고요.

닭갈비를 먹은 후 남은 양념에 볶음밥을 만들 때는 김, 달걀, 다진 파, 참깨 등을 밥이랑 섞어 비벼줍니다. 진짜 별미는 철판에 눌어붙은 누룽지라고 할 수 있습니다. 양념이 스며든 밥이 꼬득하게 굳어서 생긴 누룽지야말로 닭갈비의 모든 게 함축된 맛의 결정체라고 할 수 있을 정도이니까요.

아참, 볶음밥을 드실 때 철판 위에 눌어붙어서 까맣게 탄 부분이 있으면 드시지 않기를 바랍니다. 거기까진 닭갈비의 맛이라고 할 수 없거든요. 그래서 볶음밥을 만들 때는 약간의 닭 육수(또는 채소 육수)를 넣어주고 불 세기를 맞춰서 볶음밥이 행여나 타는 것을 막아주는 것도 중요합니다. 닭갈비의 처음부터 마무리까지, 제대로 즐기는 노하우라고 할 수 있습니다.

이런 메뉴 어때요?

닭갈비에서 아이디어를 얻은 다양한 메뉴를 제안합니다.

'닭'을 활용한 요리는 그 종류가 매우 많은데요. 양념이나 조리방법에 따라 요리 명칭이 달라집니다. 이 단락에서는 골목식당에서 새롭게 추가 개발할 수 있는 아이디어 메뉴로 닭 요리를 알아봅니다.

① 닭갈비국수

닭 가슴살을 잘 익혀서 덩어리로 준비한 후에 제면기를 사용해서 면처럼 가늘게 만듭니다. 혹은 닭 가슴살 덩어리를 칼국수 면 크기의 굵기로 잘라서 사용합니다. 준비된 닭 가슴살을 닭갈비 양념에 재워두었다가 프라이팬에 볶습니다. 비빔냉면이나 삶은 소면(국수) 에 5:5의 비율로 적당한 양을 얹어 국수와 함께 먹습니다.

② 닭갈비완자면

닭 다리살과 닭 가슴살을 다진 후 갈비 양념으로 재웁니다. 넓적 당면을 미리 데쳐 익혀둡니다. 다진 채소와 다진 닭고기를 반죽하듯 섞어 전분으로 겉을 감싸듯 둥근 모양으로 만들어 함께 쪄내서 닭갈비완자를 만듭니다. 미리 준비해둔 넓적 당면을 곁들입니다.

③ 닭갈비덮밥

쌀밥에 김부스러기와 참기름을 잘 섞어 놓습니다. 밥 위에 갈비 양념에 잘 재어 익힌 짭쪼롬한 닭갈비를 얹어 **닭갈비덮밥**을 만듭니다. 한 그릇 밥에 닭갈비 적당량을 소스와 함께 얹어주는 방법입니다. 반찬으로는 장국을 곁들여서 닭갈비의 짭쪼롬한 맛을 은은한 풍미로 조화롭게 만들어주면 좋습니다.

④ 닭갈비볶음밥

닭갈비 양념에 김, 참깨, 양배추 채를 넣고 볶아냅니다. 그리고 쌀밥을 넣고 다시 한 번 더 볶아낸 후, 그릇에 담아서 달걀프라이를 밥 위에 얹습니다. 닭갈비의 양념 맛이 밴 쌀밥과 달걀프라이의 심심한 맛이 어우러져 별미가 됩니다.

쯔양의 맛&말 　 닭갈비

짜지 않고 부드러운 감칠맛
닭갈비에서 해산물 향이 나요

장소| 서울 광진구 중곡동 『춘천골 낙지닭갈비』
www.youtube.com/watch?v=CBhRlsc_14A

안녕하세요, 여러분. 제가 오늘은 지금 중곡동에 왔습니다.
어.. 여기 지금 닭갈비 먹으러 왔거든요.
이 자리에서 23년이나 하셨대요.
아.. 닭갈비 진짜 너무 오랜만에 먹는데.. 짠!

"구수하면서 짜지 않고 진한 맛."

"닭갈비 소스에 해산물 향이 조금 더 더해졌다고 해야 하나?"

"잘 먹었습니다."

정(情)을 담은 음식 이야기 3

칼국수

한 수저만 먹어도
속이 다 시원해지는
맛이에요

　하루 일과를 마치고 노곤한 어깨를 짊어진 가장들이 집에 돌아옵니다. 아내는 따뜻한 육수에 호박 채를 썰어두고 바지락을 준비해두었다가 국수와 함께 넣고 끓여냅니다. 칼국수의 진한 국물에 식감이 살아있는 바지락을 면과 함께 집어 입안에 넣으면 하루의 피로가 싹 가십니다. 그런 칼국수에는 가족의 따뜻함을 느끼게 해주던 감성이 있습니다.

　칼국수는 재료에 따라 이름을 붙여 그 종류만 하더라도 수십여 가지에 달하는데요, 해물을 넣으면 **해물칼국수**, 바지락을 넣으면 **바지락칼국수**, 호박을 넣으면 **호박칼국수**입니다. 면을 뽑는 방식에 따라 이름이 달라지기도 합니다. 밀가루 반죽을 제면기에 넣어 뽑은 면으로 만들면 보통 **칼국수**라고 말하지만 밀가루를 손으로 직접 반죽한 후 칼로 썰어 면을 만들면 **손칼국수**로 구분짓기도 합니다. 취향에 따라 어떤 재료를 넣든지 괜찮습니다. 그 음식의 맛은 칼국수이니까요.

칼국수의 조리 방법이나 사용하는 재료가 고급진 재료라서 그랬을까요?

문헌에 따르면 조선시대에는 양반가에서나 국수다운 국수를 즐길 수 있었다고 합니다. 서민들은 잔칫집에서나 국수를 먹을 수 있을 정도로 귀한 음식이었다고 하네요.

예로부터 국수의 긴 면발은 수명을 상징한다 하여 장수의 의미로 여겨지기도 했습니다. 그래서일까요? 국수를 먹을 때는 끊어먹지 말라는 얘기를 하기도 하죠.

국수를 좋아하는 분들은 **칼국수**처럼 냉면을 먹을 때도 면을 끊어먹지 말라고 합니다. 가위를 갖다주고 잘라 먹으라고 하면 기겁하죠. 면은 끊어가며 먹는 게 아니라고 하면서요. 면을 먹는 방법도 후르륵후르륵 삼키듯 먹고요, 이빨로 면을 끊어먹는 걸 최대한 삼갑니다. 면을 끊으면 생명이 짧아진다고 여기는 것일까요?

국수에 대해 조금 더 알아보면요, 대표적인 밀가루 음식인 국수는 조선시대를 거쳐 일제강점기에 이르면서 대체식품으로 많이 사용되기 시작합니다. 쌀이 부족했기 때문이죠. 요즘엔 별미 식품으로 생각되는 국수가 예전에는 밥 대신 먹는 주식으로 사용되었던 것이죠.

밀가루마저 떨어지고 먹을 게 부족해지는 시기, 소위 보릿고개를 지나는 동안은 많은 사람들이 굶주림에 고생하기도 했습니다. 풀뿌리를 캐먹거나 나무 껍질을 벗겨 먹던 일들도 흔하게 볼 수 있었죠. 요즘은 먹거리가 풍족해 버리는 음식을 처리하는 일이 고민인 세상이 되었지만 불과 몇십 년 전만하더라도 먹을 게 없어서 고생하던 시기가 있었다고 하니 정말 먹거리 하나하나를 모두 소중하게 여겨야 하겠습니다.

칼국수는 언제부터 칼국수란 이름을 가진 걸까요?

칼국수라는 이름의 탄생은 6.25 전쟁 직후 미군의 구호품으로 공급되던 밀가루로 국수를 만들어 먹던 시대로 거슬러 올라갑니다. **칼국수**라는 이름은 1960년대 대전역 근처에서 사골육수에 국수를 말아 팔던 '신도 칼국수'라는 식당에서 처음 사용된 것으로 전해집니다. 그 후로 여러 식당들이 재료와 육수를 다르게 만들어 팔면서 다양한 **칼국수** 시대가 열렸던 것이죠.

그래서 본격적인 **칼국수** 시대는 대전에서 먼저 시작되었다고 보는데요, 울산시 울주군의 **언양불고기**, 진주의 **진주냉면**, 경기도 양평의 **옥천냉면**, 부산의 **밀면**처럼 대전을 **칼국수**의 본고장으로 생각해도 좋을 듯 합니다. 물론, 대전을 대표하는 음식으로는 **숯골냉면**도 있습니다.

이처럼 지역을 대표하는 음식이 있다면 그 지역 분들에게도 큰 영광이 아닐 수 없을 건데요, 전주의 **비빔밥**, 대구의 **막창**, 춘천의 **닭갈비**, 안동의 **간고등어**처럼 한 지역을 대표하는 음식은 그 지역의 특색과 전통을 널리 알려주는 효과가 있다고 할 것입니다.

대전을 대표하는 음식을 칼국수라고 하면 어떤가요?

대전의 한자 표기가 '큰 밭'이니까요, 큰 밭에서 새참으로 **칼국수**를 나눠먹던 우리네 부모님들의 모습도 그려볼 수 있고요, 가을 추수철이면 밭에 출렁

이며 황금물결을 이루던 곡식들을 떠올리게 되어 왠지 가슴 뿌듯한, 또 다른 의미의 포만감을 얻을 것 같습니다.

칼구수는 그 만드는 방법도 매우 섬세합니다.

밀가루랑 물을 섞어 반죽을 한 다음 밀대로 밀어서 반죽덩어리를 폅니다. 울퉁불퉁하던 반죽덩어리가 고르게 쫘악 펴지는 모습을 보고 있노라면 세상 근심 걱정도 사라지고 그 표면이 매끄러운 것을 보면 세상 만사가 순탄할 것 같습니다.

여기서 끝이 아니죠?

밀대로 밀어서 어느 정도 두께를 만드느냐에 따라 면의 굵기가 달라집니다. 밀대로 면의 가로 면을, 나중에 칼로 썰 때는 세로 면을 만든다고 생각하면 쉽습니다. 밀대에 적당한 힘을 주면서 저마다 식감이 다른 **칼국수** 면을 뽑아낼 수 있는 것이죠.

그렇게 반죽을 잘 펴서 두루마리 종이 말듯 돌돌 말아주는데요, 반드시 동그랗게 말아주는 건 아닙니다. 이불 개듯이 널찍하게 접어줘도 됩니다. 나중에 칼로 썰 때 칼의 길이보다 짧아서 칼질 한 번에 면발이 썰리도록 적당한 길이만 맞춰주면 되죠. 이 또한 **칼국수**가 되기 위한 모든 과정을 염두에 두고 반죽덩어리를 만드는 것이라고 할 수 있겠죠?

칼국수가 인기를 얻게 된 이유가 뭘까요?

맛에도 이유가 있겠습니다만, 무엇보다 집에서 만들어 먹기 쉽다는 점이 장점 아닌가 싶습니다. **칼국수**를 모르던 시절에는 국수집을 가거나 제면소를 가야만 국수를 얻을 수가 있었죠. 그러나 **칼국수**라는 메뉴가 등장하고부터는 누구라도 부엌에서 칼로 썰어서 국수를 만들 수가 있게 된 것이죠. 국수 좋아하는 분들에겐 희소식이었죠. 원할 때 언제든지 집에서 국수를 먹을 수가 있게 되었으니까요.

다만 누가 칼국수를 만드느냐에 따라 국수 면발의 굵기가 달라지고 입안에 넣었을 때의 식감도 달라지죠. 요리사의 실력에 따라 칼국수 면발의 맛이 달라진다는 건데요. 칼국수의 면발이 얇으면 얇을수록 실력이 좋은 요리사가 만들었다고 볼 수 있습니다. 이를테면, 설렁탕에 들어가는 칼국수 면발을 생각하시면 될 것 같습니다. 따뜻한 국물이 알맞게 스며든 면발을 젓가락으로 집어 입에 넣으면 호로록하고 목구멍으로 넘어가는 면발의 부드러움이 아주 그만이거든요.

시장에서 본 여러 가지 종류의 칼국수가 기억이 납니다. 둥근 면으로 밀가루 반죽을 묻힌 국수도 있죠? 굵기도 제법 굵어서 일반 국수처럼 보였는데요, 칼국수 면 달라고 하면 그걸 주시는 가게도 있습니다. 밀가루 반죽덩어리를 밀대로 펴고 칼로 직접 잘라서 만든 면이 아니고 기계로 뽑아낸 면이죠, 그래서 엄밀히 구분하자면 손칼국수랑 기계칼국수로 나눠야 합니다. 진짜배기 맛은 손칼국수인 것은 두말할 나위가 없는 것이고요.

칼국수와 관련된 기록을 찾아보자면 1670년경 안동 장씨(氏)가 딸과 며느리를 위하여 저술한 조리서 〈규곤시의방(閨 是議方)〉에 절면(切麵)이란 표기가 나옵니다. 그 의미는 '자른 국수'라는 뜻이죠. 당시엔 주 재료가 메밀이라서 밀가루를 조금 섞어서 만들었다는 점이 다른데요, 예전엔 밀가루가 비싼 재료라서 사람들은 주로 메밀국수로 만들어 먹었답니다.

밀가루가 주 식재료로 인기를 얻기 시작할 무렵에는 집집마다 수제비 아니면 칼국수를 즐겨 먹었던 납니다. 어머니들은 아이들에게도 수제비를 떠주거나 칼국수를 만들어 먹였죠.

특히, 김치수제비나 김치칼국수는 각 집마다 인기 메뉴였던 기억이 나네요. 칼칼한 국물에 밍밍한 수제비를 넣어 같이 먹으면 알싸하면서도 뭉텅이는 맛이 조화를 이뤄 속이 개운하면서도 든든한 별미였거든요. 아이들은 물론 나이 드신 분들도 부드럽게 씹기 편해서 온가족의 맛있는 한 끼 식사로 충분한 가정식 대표 메뉴였다고 해도 과언이 아닙니다.

칼국수는 비빔칼국수도 있지만, 주로 국물을 넣어 만드는 칼국수가 대부분이죠. 칼국수를 만드는 국물은 멸치를 넣어 우려낸 멸치육수이거나 사골육수를 많이 씁니다. 거기에 감자나 호박을 채 썰어서 국물을 내면 우리가 아는 그 칼국수가 됩니다. 팥죽에 칼국수를 넣어 팥칼국수로 먹기도 하는 걸 생각하면 어떤 국물이냐에 따라 칼국수의 이름이 달라지는 것이겠죠.

저는 방배동 지하철역 인근 바지락칼국수집이 기억나는데요, 바지락을 듬뿍 넣어준 칼국수 한 그릇이면 한 끼 식사로 최고였던 기억입니다. 이처럼 바지락을 넣으면 바지락칼국수가 되는데요, 제주도에서는 소라 고동(보말)을 넣은 보말칼국수가 별미이고요, 강원도 양양이나 강릉 지역에서는 고추장을 넣은 장칼국수가 제맛입니다.

"밥 볶아 드릴까요? 칼국수 넣어 드릴까요?"

매운탕이나 해물탕을 먹고 나면 식당에서 이렇게 물어봅니다. 이처럼 칼국수는 식당의 메인 메뉴에 추가되어 각각의 독특한 맛의 칼국수가 되기도 합니다. 육개장을 먹고 난 뒤에 그 국물에 넣어 즐기는 육개장칼국수, 만둣국을 먹고 난 뒤 그 국물에 넣어 먹는 만두칼국수도 있습니다. 어묵탕에서 어묵을 먼저 먹고 칼국수를 넣어 먹으면 어묵탕칼국수가 되죠.

칼국수는 이처럼 다른 국물 음식에 더해져 환상의 조화를 이룹니다. 별미로 재탄생하게 되는 것이죠. 서울 광장시장의 닭 한마리 식당에서는 커다란 양푼에 닭 한 마리를 넣고 삶아서 닭백숙처럼 먼저 먹습니다. 그리고는 남은 국물에 칼국수를 넣고 후식겸 마무리 식사로 즐길 수 있죠. 또한 해물탕을 먹은 뒤 남은 국물에 칼국수를 넣어주는 식당도 있습니다. 해물칼국수인 것이죠.

여기서 또 한 가지 별미가 탄생하는데요, 칼국수까지 먹은 후에도 국물이 그릇 바닥에 자작하게 남는다면 또 하나의 요리가 탄생합니다. 밥 한 공기에 날달걀과 참기름, 김 부스러기를 넣고 조금 더 끓여서 누룽밥 내지는 볶음밥 형태로 즐겨도 이 또한 별미입니다.

칼국수 면발에서 빠져나온 녹말이 진득한 국물을 만들어주기 때문에 밥을 넣으면 밥알끼리 서로 응축하게 만들어주거든요. 이 밥을 한숟가락 떠서 입안에 넣어보면 밥을 물에 말아 먹는 게 아닌, 또 다른 맛을 선사해주는 것이죠.

우리나라 역대 대통령 가운데 고 김영삼 대통령은 칼국수를 좋아하기로 익히 정평이 났었는데요, 필자도 삼청동 칼국수 식당에 외국 손님들을 모시고 가서 식사한 기억이 있습니다. 그곳의 칼국수는 안동 지역 양반가에서 즐기던 건진국수인데요, 주 재료들은 소고기, 닭고기, 꿩고기, 은어 등을 넣고 육수를 낸 칼국수이고요, 그 맛은 필자와 함께 맛을 본 외국인 손님들의 평가에 의하면 "속이 편안하고 든든해지는 느낌"이라고 하시더군요.

이런 메뉴 어때요?

칼국수에서 아이디어를 얻은 다양한 메뉴를 제안합니다.

밀가루 반죽을 잘 펴서 칼로 잘라 국수로 만드는 **칼국수**는 육수에 따라 종류를 구별할 수 있습니다. 물론, **비빔칼국수**도 있습니다만 면의 두께에 따라 양념이 겉돌 수 있어서 호불호가 많이 갈리는 메뉴이기도 합니다. 이 단락에서는 육수가 아닌, 양념소스에 어울리는 **칼국수** 메뉴 아이디어를 알아봅니다.

① 짜장국수

짜장 소스와 **칼국수**를 곁들입니다.

간짜장이나 **쟁반짜장**처럼 칼국수 면과 짜장 양념을 곁들이는 방법도 가능합니다만, **짜장칼국수**에 사용하는 '짜장'은 캐러멜이나 캐러멜 색소를 넣지 않고 된장으로만 만든 짜장 소스를 추천합니다.

그래서 **짜장칼국수**는 짜장에 칼국수 면을 비비는 게 아니라 짜장과 칼국수를 섞을 때 짜장 소스를 넉넉하게 담아서 함께 먹어도 좋고, 칼국수 면을 익히고 짜장 소스를 따로 내어 칼국수 면을 짜장 소스에 찍어먹도록 합니다. 이때 각자 기호에 따라 고춧가루를 짜장 소스에 섞어서 매운 짜장을 먹어도 별미입니다.

② 카레국수

카레와 칼국수를 곁들입니다.

짜장칼국수와 같은 방식으로, 카레 소스에 칼국수 면을 찍어 먹는 메뉴입니다. 짜장면이나 카레를 먹을 때는 소스 양이 적거나 많아서 사람들마다 호불호가 나뉘게 되는 메뉴인데요, 이러한 단점을 없애고 **짜장칼국수처럼 카레칼국수**도 칼국수 면을 짜장 소스, 카레 소스에 찍어먹도록 합니다.

③ 칼국수떡볶이

떡볶이 소스에 칼국수를 곁들입니다.

줄여서 '떡칼' 또는 '칼떡'이라고 부릅니다. 떡볶이 양념에는 라면도 넣고(라떡) 쫄면도 넣는(쫄떡) 메뉴가 있는데요, 칼국수 면을 넣은 메뉴가 됩니다.

다만, 이때 떡볶이 양념에 섞는 **칼국수**는 일반적인 칼국수 면을 사용하면 양념이 칼국수 면에 배면서 진득해지는 식감이 생기는데요, 제가 추천하는 방법은 칼국수 면을 기름에 살짝 넣었다 빼듯이 한 번 튀겨서 **떡볶이** 양념에 넣는 방법입니다. 이렇게 만들면 마치 가느다란 **떡볶이**를 국수처럼 먹는 식감이 나고 별미입니다.

④ 튀김만두칼국수

칼국수 위에 튀김만두를 얹습니다.

군만두라고 부르는 길쭉한 만두를 두 개 얹어줍니다. 칼국수를 먹으면서 육수가 만두에 배이고 나중에 만두를 먹을 때는 튀김 식감과 육수 식감이 어울리면서 부드러운 식감이 별미입니다.

⑤ 돈칼국수

돈가스 소스에 칼국수를 곁들입니다.

칼국수 면에 돈가스 소스를 부어주면서 튀김가루를 함께 넣어 줍니다. 그릇에 칼국수가 놓여 있고 그 위에 돈가스 양념을 부어준 후에 튀김가루를 얹어주는 순서입니다. 이렇게 만들면 칼국수를 먹을 때 돈가스처럼 튀김가루가 씹히면서 별미가 됩니다.

⑥ 세발국수

칼국수 면을 넓은 면 형태가 아닌, 가느다란 형태로 뽑아냅니다. 일반적인 소면이나 중면, 대면이 아니라 밀가루 반죽으로 만드는 정방형 모양의 칼국수인데 그 굵기가 가느다래서 '가느다란 칼국수 면발'이란 의미의 세발칼국수입니다.

입에 넣었을 때 후르륵후르륵 들어가고 식감 또한 부드럽고 쫄깃해서 별미가 됩니다. 입안에서 씹을 때도 정방향의 면발이 일반적인 국수와는 다른 식감을 만들어줍니다.

⑦ 무지개칼국수

밀가루에 다진 당근, 다진 부추, 다진 빨간 고추를 넣어 전분을 약간 넣고 반죽합니다. 밀가루 반죽에 주황색, 빨간색, 초록색이 잘 배합되고 덩어리가 완성되면 잘라서 칼국수 면을 만듭니다.

채소를 잘 안 먹는 어린이들에게 재미있는 **무지개칼국수**가 됩니다. 칼국수를 먹을 때 부추와 당근, 고추가 독특한 식감을 만들고 맛을 내면서 별미가 됩니다. 색깔을 만들 때는 당근, 부추, 고추 외에도 마늘, 깨, 검정콩가루 등을 넣어 다양한 색을 만들 수 있습니다.

쯔양의 맛&말 　칼국수

생각보다 약간 칼칼한 맛이에요 _튀김칼국수

짜지 않으면서 진한 육수_멸치칼국수

장소| 인천 중구『맷돌칼국수(튀김칼국수)』서울 동대문구『혜성칼국수(멸치칼국수)』
www.youtube.com/watch?v=8hWQnvVvLHQ　www.youtube.com/watch?v=dcxQA9WRuq8

" 제가 인천에서 되게 먹어보고
싶었던 곳이 있었거든요.
평일에 하루 4시간 정도만
여는 곳인데 이제..
튀김칼국수라고 해가지고
튀김이 들어가는 그런 칼국수가
있대요. 예전부터 궁금했는데..
근처라서 왔어요. 지금.. 짠! "

"이게 멸치칼국수거든요."

"와! 면이 쫄깃쫄깃하니 맛있다."

"짜지 않으면서 진한 그런 육수."

" 여러분, 제가 오늘은
지금 청량리동에 왔어요.
어.. 여기 청량리동에
진짜 엄청 유명한
칼국수집이 있는데
여기가 1968년에 시작해가지고
무려 거의 55년이 된
칼국수집이거든요.
짠! 여기 혜성칼국수! "

정(情)을 담은 음식 이야기 4

초밥

바다로 만든
케이크 한 조각을 한 입 먹는
맛이에요

초밥은 바다를 한 조각 베어 무는 것과 같습니다. 밥 한 숟가락 떠서 바다를 얹어 한입에 넣고 우물거리는 맛이라고도 말할 수 있겠습니다. 그래서 초밥을 먹으면 그곳이 태평양이고 지중해이고 대서양입니다. 우리가 초밥을 먹는 이유는 바다가 그립기 때문 아닐까요?

그래서인지 3면이 바다로 둘러싸인 우리나라에서도 초밥은 애호가들이 많은 인기 메뉴가 되었습니다. 대도시 시내에서는 물론, 주택가 골목에서도 초밥 식당을 쉽게 찾아볼 수 있으니까요.

간혹 어떤 분들은 이렇게 생각하실 수도 있어요. 초밥은 일본 음식인데 한국의 골목식당으로 소개하는 건 좀 안 맞지 않나? 하고요.

가령 일본인들도 즐기는 음식 중에 '명태알젓(명란젓)'이 있는데요, 이것은 우리나라 음식인데 일본으로 전파되어 일본인들이 즐겨 먹는 음식이 된 것처럼 **초밥**은 우리나라에서 또 하나의 골목 음식으로 발전해오고 있다고 볼 수 있습니다.

초밥은 만드는 방법에 따라 손으로 쥐어 만든 초밥, 나무 틀로 눌러 만든 초밥, 해산물을 흩뿌리듯 얹은 초밥, 긴 봉 모양으로 싼 초밥, 동그랗게 만든 초밥, 김으로 둘러 군함 모양처럼 만든 초밥, 생선살을 얇게 해서 밥과 김으로 감싼 초밥, 여러 재료를 밥과 김으로 두껍게 감싼 초밥 등등으로 다양합니다. 이처럼 한국에서는 한국인들의 기호에 맞게 **초밥**이 발달해오고 있다고 보는 게 맞겠죠.

초밥의 재료로는 달걀찜, 전갱이, 참치 대뱃살, 참치 빨간 속살, 성게알, 청어, 장어, 새우, 농어, 도미 등의 여러 재료가 사용되는데요, **초밥** 애호가들의 이야기를 들어보면 **초밥**의 실력은 달걀찜 **초밥**의 맛에서 판가름난다고 하네요. 달걀찜 **초밥**을 만들기가 까다롭기 때문이래요.

초밥 만드는 방법은 지역마다 약간씩 다릅니다만 일반적인 방법은 소금과 식초, 설탕으로 밑간을 해서 밥을 만들고 밥 위에 주재료를 얹습니다. 또는 밥과 함께 말아서 먹는데 재료로 저민 생선, 달걀, 채소 등을 사용합니다.

초밥의 유래로 정확히 전해지는 바는 없습니다. 단 동남아시아에서는 기온이 습하고 음식이 쉽게 상하는 기후 탓에 지역적으로 발효 음식이 발달해왔는데요, 일본이 이러한 영향을 받아 700년대에 이르러 **초밥**이 시작된 것이 아닌가 추정되는 상황입니다.

초밥이 글로벌 브랜드가 된 시기는 1964년 일본 도쿄 올림픽에서였는데요, 당시만 하더라도 '초밥은 날고기'라며 부정적 인식이 강했던 서방국가들에게 초밥이 하나의 음식으로 전해지면서 유명해진 시기입니다.

초밥이 한국의 식사문화와 연관있다?

초밥의 유래를 생각해보면 한국의 식문화에 관련성이 더 깊다고 할 것입니다. 예를 들어, 한국인들은 전통적으로 수저와 젓가락을 사용합니다. 세계 어느 나라를 보더라도 식사하며 수저를 사용하는 민족. 특히 놋쇠 수저, 놋쇠 젓가락처럼 금속성 재질로 만든 수저와 젓가락을 사용하는 민족은 없다고 할 것입니다.

밥상머리에서 젓가락질 잘 못하면 부모에게 꾸중 듣는 나라, 밥은 수저로 뜨고 젓가락을 사용해서 밥 위에 반찬을 올린 다음 수저를 들어 입에 넣는 나라가 한국입니다. 수저와 젓가락은 한국인의 식사문화의 상징인 것입니다.

그래서 초밥처럼 밥 위에 생선 또는 각종 재료를 얹어 먹는 방식도 한국인의 식사문화에서 비롯되었다고 보는 것입니다.

일본은 어업이 주업이고 배를 타고 배 위에서 생활하는 시간이 많다보니 불을 사용해선 안 되었다고 합니다. 그래서 생선을 오래 보관하기 위해 소금에 절이거나 날것으로 먹는 문화가 일반적이었고 그것이 초밥으로 이어졌다고 주장하기도 합니다.

이런 주장은 우선적으로 초밥의 '밥'과 맞지 않습니다. 초밥의 '밥'도 불을 사용해야 지을 수 있기 때문이죠. 혹시 어떤 사람이 "밥은 미리 지어서 배 타고 바다로 나갈 때 갖고 나가는 것"이라고 주장할지라도 초밥의 형태와 맞지 않습니다. 초밥은 밥 위에 생선을 얹어서 함께 먹는 것인데요, 밥 위에 반찬을 올려서 먹는, 다시 말해서 수저에 뜬 밥 위에 젓가락으로 반찬을 얹고 그 상태로 수저를 들어 입 안에 넣는 식문화는 한국인의 것이거든요. 초밥의 형태가 밥 위에 생선 등을 얹어 한입에 먹는 것인데 그것이 바로 한국인의 식문화 형태였던 것입니다.

또한, 일본의 식문화는 원재료 상태로 먹는 것을 선호하는데 한국인의 식문화는 재료를 섞어서 한입에 먹는 방식이 대부분이죠. 초밥의 형태가 밥을 초로 간하고 생선을 얹어 입 안에 함께 넣어 먹는 방식이고보면 원재료 상태로 먹는 것이라고 말하기 어렵고요, 오히려 한국인의 식문화처럼 섞어먹는 것이라고 할 것입니다.

초밥은 밥 위에 얹는 재료에 따라 그 맛을 즐길 수 있죠. 참치, 오징어, 오징어다리, 도미(돔), 뱀장어, 새우, 연어, 낙지, 피조개, 정어리, 청어알, 붕장어, 성게알, 옥수수콘, 낫토(한국의 청국장과 비슷한 된장), 샐러드, 가다랑어, 유부 등 종류가 많은데요, 제철 재료를 사용하는게 아무래도 제일 맛이 좋은 것이죠.

일례로, 봄에는 전갱이, 벚꽃이 피기 시작할 무렵엔 돔, 여름엔 농어, 가을엔 꽁치, 겨울엔 방어를 들 수 있습니다. 다만, 제철 생선들은 그 계절에 지방층이 두꺼워지는 변화가 있어서 각자 기호에 따라 느끼하게 느낄 수도 있다는 점은 참고로 알아두면 좋습니다.

제철 재료를 쓰면 좋다는 것은 아는데 연어알이나 성게알처럼 밥 위에 얹기 어려운 경우는 어떻게 했을까요? 그래서 등장한 것이 **군함말이초밥**인 것이죠. 한반도가 아직 일제강점기였던 1941년에 도쿄 긴자의 초밥 식당에서 등장했다고 하는데요, **군함말이초밥**의 등장이 밥 위에 재료를 쉽게 얹기 위함이었다는 것은 초밥을 즐기는 사람들의 상식이기도 합니다.

회전초밥은 언제 시작된 것일까요?

일본에서도 고급 음식으로 알려졌던 초밥을 대중화시키는데 일조했다는 회전초밥이 시작된 것은 1958년의 일입니다. 지금도 그렇지만 1958년 무렵에도 초밥은 저렴한 음식이 아니었습니다. 초밥 한 개당 1만 엔(10만 원)이 넘는 것도 있으니까요.

오사카에 '겐로쿠 스시'라는 식당에서 당시로서는 획기적인 기발한 아이디어를 냈습니다. 초밥을 어떻게 하면 싸게 팔 수 있을까, 궁리하던 '겐로쿠 스시' 사장은 인건비를 줄이는 게 답이라는 생각을 했습니다.

맥주공장에서 사용하던 컨베이어 벨트 시스템을 사용해서 그 위에 접시를 얹고 초밥을 서빙하도록 한 것이지요. 초밥을 만드는 인원수를 줄이고 한 명이 여러 손님에게 대접하는 방법. 한 사람이 만들고 빠른 시간 내에 손님이 먹을 수 있게 하는 방법, 넓은 가게도 필요 없고 주방장을 많이 뽑을 필요도 없고, 결국엔 컨베이어 벨트 아이템이 제격이었던 것이죠.

사람들은 손쉽게 원하는 초밥을 선택해서 먹을 수 있게 되었고 이로 인해 초밥이 대중화되는 계기가 되었다고 합니다. 이렇게 전해 내려오는 스토리 때문에 사람들은 '회전초밥의 원조'라는 식당에서 식사를 하겠다는 목적(?)으로 '겐로쿠 스시'를 방문합니다.

컨베이어 벨트는 움직이는 방향도 중요합니다. 움직이는 접시는 따라가서 잡는 것보다 마주 올 때 잡는 게 편하다는 점, 젓가락을 들고 있는 오른손잡이가 많은 특성상 접시는 왼손으로 잡아야 한다는 점 등의 이유로 컨베이어 벨트는 시계 방향으로 돕니다.

초밥은 주방장의 손에서 손님의 입까지 전해지는 속도가 중요한 건데 회전초밥에서는 그 속도를 어떻게 맞출 수 있었을까요?

가령, 주방장이 밥을 집어 손에 담아서 몇 번 쥐었다 펴고, 고추냉이를 밥에 넣고 생선을 밥 위에 얹은 후 손님 앞에 내놓는데 걸리는 시간은 대략 7초 정도 필요합니다. 이 계산대로라면 초밥을 만들어서 손님에게 전하는 시간이 8초 이내인 셈이 되죠. 회전초밥에서는 이 시간을 맞추기 위해서 가게 규모를 좁게, 작게 만듭니다.

컨베이어 벨트가 주방에서부터 자리에 앉은 손님들을 거쳐 다시 주방으로 들어온다고 할 때 손님이 초밥을 보고 잡기까지의 시간이 8초 이내여야 하니까요. 8초 이내에 초밥을 보고 잡아야 한다면 1초에 몇 센티미터를 움직여야 할까요? 회전초밥에서 벨트가 움직이는 최적의 속도는 1초에 8센티미터라고 합니다.

한편, 초밥의 유래에 대한 '믿든지 말든지 카더라' 속설을 소개해드리자면, 초창기에 초밥은 생선에 소금을 뿌려서 밥과 함께 무거운 틀로 눌러서 보관해둔 것이라고 합니다.

칸사이 지역에 교토(京都)가 일본의 수도였던 시절(옛 일본은 왕이 사는 곳이 수도였다. 일본 왕은 교토에 살았는데 일본이 막부시대를 지나면서 통치권을 가진 건 '쇼군(將軍)'이 되었고, 1603년 도쿄에 에도막부가 세워지면서 실질적인 수도 역할을 하게 된 식이다. 그런데 메이지유신을 통해 막부시대가 끝나고 통치권을 왕이 다시 갖게 되었는데 1868년엔 교토에 살던 일본 왕이 도쿄로 옮기면서 일본의 수도는 도쿄가 되었다._필자 주) 이야기입니다.

시간이 흐르면서 젖산이 흘러나와 생선을 오래도록 보관할 수 있게 해줬다는 것이죠. 그 당시엔 생선을 먹으면서 밥을 털어버리곤 했는데 밥이 아까운 사람은 생선이랑 같이 먹었다고 하니 그게 **초밥**의 시초 아닐까요? 밥이랑 생선을 아무리 무겁게 눌러 보관한다고 해도 나중에 꺼내서 먹을 때는 생선 비린내가 진동했을 텐데 그걸 어떻게 참았을까요? 매운 맛의 향신료를 넣기 시작한 이유로 보입니다. 초밥에 와사비가 콕 박혀 들어간 이유는 생선 비린 내를 잡아주기 위함이었다고 볼 수 있는 것이죠.

참고로, 와사비(고추냉이, 山葵)는 귀족들만 먹는 거였으니까 서민들은 겨 자(芥子:카라시) 정도만 사용했을 텐데요, 서양문물을 받아들였다면 당시에 도 호스래디시(horseradish, 서양 고추냉이)가 있었을지도 모릅니다. 독일인 이나 덴마크인이라면 겨자를 먹으면서도 호스래디시로 알았겠지만요. 그거나 그거나 맛은 뭐 비슷하거든요.

이런 메뉴 어때요?

초밥에서 아이디어를 얻은 다양한 메뉴를 제안합니다.

초밥은 식초로 간을 한 밥에 생선, 달걀, 성게 알 등 식재료를 얹어 먹는 음식이라고 할 수 있습니다. 밥 위에 식재료를 얹는 형태만 보자면 마치 우리나라 사람들이 수저에 밥을 뜨고 밥 위에 반찬을 얹어 먹는 것과 유사하다고 할 수 있을 것입니다. 또한, 아이들에게는 아이가 수저로 밥을 뜨면 부모가 아이의 수저에 놓인 밥 위에 반찬을 얹어주는 모습도 떠올릴 수 있습니다. 이 단락에서는 초밥에서 아이디어를 낸 메뉴를 알아보겠습니다.

① 회절편

얇게 만든 **절편** 위에 **생선회** 한 조각을 얹은 음식.

우리나라 떡의 종류 중에 **절편**이 있습니다. 이 **절편**을 0.5cm 두께로 만든 후에 **생선회**를 그 위에 얹어 함께 먹으면 그 맛이 별미입니다. 절편은 참기름이나 들기름이 겉에 발라져 있는데 회를 얹어 먹을 때면 입안에서 고소한 향과 생선의 식감이 절묘하게 어우러져 별미가 됩니다.

② 김회

회를 길고 얇게 썰어서 김으로 말아 적당한 길이로 잘라서 장을 찍어 먹는 음식입니다. 이 메뉴는 먼저 김을 준비합니다. 가로 세로 직사각형 형태의 김으로 파래김이나 돌김 등 종류는 무관합니다.

김이 준비되면 고추냉이나 와사비를 콕 찍어 소량을 얹고 다시 생선회를 김 위에 얹습니다. 김을 돌돌 말아서 김밥 형태로 원기둥을 만듭니다. 그리고 원기둥 형태가 풀어지지 않도록 이쑤시개로 꽂아서 접시에 올려둡니다.

회와 김이 한 번에 돌돌 말린 형태입니다. 이것을 초간장 또는 초고추장, 쌈장 등에 찍어 먹으면 별미가 됩니다. 김의 바삭거리는 식감이 생선회와 함께 쫄깃하면서도 바다향을 전해주는 맛이라고 할 수 있습니다.

③ 비빔초밥

초밥용 밥과 초밥용 식재료를 그릇에 넣고 잘 섞어주며 비빈 음식입니다. 식초 간을 맞춘 쌀밥을 그릇에 담고 생선회를 비롯한 초밥용 식재료를 밥 위에 얹어 냅니다. 회덮밥과 다른 형태입니다.

식사를 할 때는 젓가락을 사용해서 먼저 잘 섞어줍니다. 그리고 초간장이나 맑은 된장국을 곁들입니다. 일반적인 초밥이 식재료마다 밥 위에 회를 얹어 한 번에 먹는 맛이라면 비빔초밥은 식사하는 사람의 기호에 맞춰 초밥을 수저로 떠먹는 형태의 메뉴입니다. 식재료들이 쌀밥의 온기와 어우러지면서 초밥과는 다른, 또 하나의 별미가 됩니다.

④ 튀김초밥

초밥을 튀김옷을 입혀서 기름에 튀깁니다.

이때 기름은 튀김통을 비스듬하게 두고 튀김통의 아래쪽 가운데에서 불을 데우도록 합니다. 이렇게 하면 튀김통에 담긴 기름의 깊이에 따라 각 위치별 온도가 달라지는데요, 가열되는 튀김통은 하나이지만 기름 깊이가 깊은 곳에서 기름 깊이가 얕은 곳으로 구분되는 것입니다. 기름이 깊은 곳에서 튀길 재료가 있고 기름이 얕은 곳에서 빠르게 튀겨야할 재료가 있는 식으로 나뉩니다.

초밥에 튀김옷을 입혀서 튀길 때는 식재료에 따라 기름이 깊은 곳에서 튀기거나 기름이 얕은 곳에서 튀기도록 합니다. 식재료에 따라 튀김통에 넣어 튀기는 위치를 다르게 하는 게 포인트입니다. 이렇게 해주면 식재료에 따라 적절한 맛을 유지할 수 있어서 일반적인 초밥을 먹는 것과는 또 다른 새로운 별미가 됩니다. 초밥의 형태와 맛은 유지하면서 튀김옷만 살짝 튀겨내는 게 중요합니다.

튀기는 시간에 따라 초밥의 형태와 맛은 그대로 유지할 수 있는데요, 입안에 넣으면 바삭거리는 튀김옷 사이로 신선한 생선회와 알싸한 와사비, 새콤한 초밥이 어우러지면서 그 맛이 별미입니다.

여러분의 아이디어 메뉴를 기록해 보세요.
한국을 대표하는 시그니처 음식으로 탄생할 수 있습니다!

메뉴명:

만드는 법:

쯔양의 맛&말   초밥

회가 두툼하고 식감이 아삭아삭해요_회전초밥

색깔이 대박 아삭한 식감이 완전~_연어초밥

장소| 서울 관악구 신림동 『스시나마』(회전초밥) 충청도 천안 신부동 『스시린』(초밥)
www.youtube.com/watch?v=J7jeKk3BNO0   www.youtube.com/watch?v=q8bb5sCliWE

"

제가 오늘은 신림동에
왔는데요. 오늘 진짜 오랜만에
회전초밥 먹으러 왔어요.
작년 여름에 먹고 한 번도 안 먹어본
것 같은데 엄청 오랜만이거든요.
근데, 여기에 1200원짜리
회전초밥집이 있다길래 궁금해서
와 봤습니다. 어.. 1200원이면
진짜 싼 건데.

"

"와, 진짜 맛있어 보인다. 색깔이 대박인데요!"

"짱 맛있어! 대박이야!"

"맛있다, 여기 유부초밥 진짜 맛있다!"

"

안녕하세요, 여러분. 제가 지금 지방
내려가는 길인데.. 초밥이 너무 먹고 싶더라고요.
근데 얼마 전에 자꾸 연어 먹었던 게 생각이
나가지고. 여기 대왕연어초밥 파는데가
있길래 찾아왔어요. 맛있겠당! 짠!

"이거 오늘 베스트! 진짜 맛있다!"

"

정(情)을 담은 음식 이야기 5

굴찜

바위에서 자라는
우유가
맛있어요

코끝이 쌀쌀해지는 겨울철이 되면 뜨끈한 굴요리가 생각납니다. 굴요리는 요리방법에 따라 **굴국밥, 굴찜, 굴탕수육, 굴튀김, 굴전, 굴두루치기** 등 여러 종류가 있는데요, 매서운 바람이 옷깃에 스며드는 겨울철이 굴의 제철이다보니 아무 래도 몸속을 따뜻하게 해줄 수 있는 **굴국밥**이나 **굴찜**을 주로 찾게 됩니다.

'굴'은 '석화(石花)'라고도 부르는데요, 한자어 표기로 된 그 의미에서 '돌 에 핀 꽃' 또는 '돌꽃'이라고 하는 걸 생각해보면 바닷가 바위에 턱하니 자리 잡은 매혹적인 자태가 떠오르게 됩니다.

흡사 바위처럼 생긴 걸 표면 때문이기도 하고요, 바위에 듬성듬성 붙어 있으면서 떼려고 해도 떼기 어려운 그 접착력은 굴의 위엄을 느끼게 해주는 대목이죠.

바위에서 석화를 떼려고 해보셨나요? 꼬챙이를 틈에 밀어 세게 밀거나 당겨야만 가까스로 뗄 수 있습니다. 여러 번 연습을 해야 익숙해지는데요, 초보자들은 떼려고 해도 번번이 실패하기 마련이죠. 굴은 이처럼 어려운 채취과정을 거쳐 얻게 되는 자연산 석화가 일품이죠. 그러나 양식을 통해 얻는 굴도 자연산처럼 신선함이 가득하니 이래저래 굴은 애호가들의 선택을 받기에 부족함이 없습니다.

우리나라에서는 경상남도 통영이랑 거제 일대에서 양식을 많이 하는데요, 평균 해수 온도가 18~20℃정도이고 청정해역인 덕분에 굴의 먹이가 되는 플랑크톤이 풍부한 지역입니다. 이곳에서 우리나라 전체 굴 생산의 80% 정도가 생산되고 있습니다.

굴이 바다의 우유로 불리는 이유

굴에는 각종 무기질이나 비타민이 많이 함유되어 있어서 흔히 '바다의 우유'라고 부르는데요, 달걀의 30배, 우유의 200배 이상 되는 아연을 함유하고 있어서 남자를 위한 식품이라고도 하죠. 하지만 〈동의보감〉에서는 '모려(牡蠣)'라고 해서 '피부를 부드럽고 밝게 한다'라고 기록되었다고 하니 남녀 모두에게 좋은 식품인 것만은 분명합니다.

굴은 신선할수록 알이 굵고 탱글탱글하며 우유색 알에 가장자리는 선명한 검정색을 띄고 있습니다.

겨울철 별미로 뜨끈한 **굴국밥**을 즐기시는 분들이 많은데요, 집에서 조리할 때 주의해야할 점을 말씀드린다면, 굴을 씻을 때는 반드시 소금물로 세척해야 한다는 점입니다. 굴을 수돗물로 세척하면 굴이 물을 흡수해서 커지면서 단맛이 빠지거든요. 또한 **굴국밥**을 만들 때는 국이 다 끓을 무렵 제일 나중에 굴을 넣어주시는 게 굴의 풍미를 오래 유지하며 즐길 수 있는 방법입니다.

굴찜은 조리하는 과정이 간단합니다. 먼저 흐르는 물에 굴을 세척해 주세요. 이물질을 제거하는 과정인데요, 이때 칫솔이나 세척솔을 사용하여 구석구석 깨끗하게 닦아주시면 좋습니다.

찜기에 찜판 밑까지 물을 넣어주고요, 석화를 올린 다음 15분 정도 쪄줍니다. 그리고 제 경우 **굴찜**을 먹을 때는 치즈나이프나 돈가스 나이프를 준비해서 굴껍데기를 벌리는데 사용합니다. 굴 자체에 짭쪼롬한 맛이 있으므로 그냥 먹어도 좋고 기호에 따라 초장이나 간장을 만들어 찍어 먹어도 좋습니다.

굴은 역사적으로 우리나라 신석기 시대 유적에서 많이 출토되는 것으로 보아 신석기 시대 사람들도 굴을 즐겼던 것을 알 수 있고요, 문헌상으로는 고려시대 〈청산별곡(靑山別曲)〉에서 '구조개(굴, 조개)랑 먹고'라는 구절에서 굴을 먹었던 기록을 확인할 수 있습니다.

이처럼 맛있는 굴은 영양적으로나 맛으로나 서민들의 사랑을 듬뿍 받을 만 하죠.

이런 메뉴 어때요?

굴찜에서 아이디어를 얻은 다양한 메뉴를 제안합니다.

'굴(석화)'은 자연적으로 바닷가 바위에 붙어 자라는 그 상태에서 겨울철에 직접 채취해서 먹는 것이 별미인데요, 회로 먹거나, 양념을 섞어 무치거나, 밥을 할 때 넣거나, 국을 끓여 먹는 것도 맛있습니다. 굴찜에서 아이디어를 얻은 새로운 메뉴를 알아봅니다.

① 굴초덮밥

찐 굴을 초장 양념에 무쳐 밥 위에 얹습니다.

굴을 넣고 짓는 밥과 다르게 밥 위에 초장 양념으로 무친 찐 굴을 얹는 것입니다. 밥과 초장 무친 굴을 한입에 먹습니다. 굴의 탱글탱글한 식감과 함께 초장의 달콤하면서 매콤한 맛이 밥으로 중화되면서 기분 좋게 매운 맛이 됩니다. 초장 양념으로는 초고추장, 참깨, 참기름, 설탕, 다진 마늘, 채 썬 파를 넣어 만듭니다.

② 간장굴갈비

굴에 간장소스를 덧바르고 숯불에 살짝 구워냅니다.

신선한 생굴에 간장소스를 바릅니다. 간장소스는 다진 마늘, 진간장, 식초, 청양고추 등을 섞어 만듭니다. 숯불에 살짝 초벌구이를 하고 다시 간장소스를 발라 재벌구이를 합니다. 연탄불이나 가스불에 구으면 빨리 구워져서 굴의 수분이 말라버릴 염려가 있습니다. 은은한 숯불에 구워야 숯향이 스며들고 맛이 별미입니다. 밥반찬이나 술안주로도 제격입니다.

③ 양념굴꼬치

굴을 꼬치에 끼우고 양념을 발라서 살짝 구워냅니다.

싱싱한 굴을 꼬치에 끼웁니다. 닭갈비 양념을 굴의 겉에 바릅니다. 굴꼬치를 숯불에서 구워냅니다. 굴을 너무 오래 구우면 수분이 빠져서 오그라들 염려가 있으므로 적당히 구워내는 게 포인트입니다.

숯불이 스며든 양념이 굴이 익어가며 함께 굴에 밀착되어서 제대로 된 숯불맛 굴꼬치가 됩니다. 밥반찬으로도 좋고 술안주로도 맛있습니다. 굴을 찌는 것보다 이렇게 구우면 바다향이 남아서 굴을 하나씩 빼서 먹을 때마다 불맛과 바다맛이 함께 느껴집니다.

④ 굴칼국수

굴을 넣은 **칼국수**는 해산물의 향이 더욱 진하고 맛납니다.

바지락칼국수나 해물칼국수와는 또 다른 싱싱한 굴칼국수가 탄생합니다. 그런데 굴칼국수는 끓는 물에 굴이랑 칼국수를 넣고 익히는 게 아닙니다. 칼국수랑 굴을 함께 익히면 굴 특유의 비릿한 향이 날 수 있어서 호불호가 갈리게 됩니다.

그러므로 끓는 물에 칼국수를 넣고 익히고, 굴은 다른 그릇에 미리 쪄 두는게 포인트입니다. 칼국수가 완성된 후에 찐 굴을 칼국수 위에 얹어 냅니다. 이렇게 하면 굴에는 칼국수의 육수가 배지 않은 상태입니다. 잘 익은 칼국수 위에 찐 굴을 얹으면 굴 형태도 유지하면서 또 다른 식감도 기대하게 되고 미관적으로도 좋습니다.

⑤ 굴볶이

떡볶이에 살짝 데친 굴을 넣어 만듭니다.

고추장떡볶이를 만들면서 미리 쪄둔 굴을 넣고 잘 섞습니다. 해물떡볶이와 다른 굴떡볶이가 탄생합니다. 굴을 미리 쪄두면 굴 형태를 유지할 수 있어서 미관상 보기도 좋고, 떡볶이 양념에 얹은 굴을 먹으면서 입안에서 새로운 식감을 맛볼 수 있습니다. 굴을 미리 쪄두면 떡볶이에 굴즙이 새지 않아서 떡볶이를 그대로 즐길 수 있으면서도 떡볶이 양념으로 볶아진 굴을 맛볼 수 있습니다.

⑥ 데굴데굴

멸치육수를 담은 냄비와 싱싱한 생굴을 냅니다. 냄비에 육수를 끓이면서 굴을 데쳐 초간장에 찍어먹는 셀프 조리형 메뉴입니다.

가령, 찐 굴은 손으로 여는 힘도 써야 하고 굴껍질도 수북하게 테이블 위에 쌓입니다. 반면에 '데굴데굴'은 생굴을 직접 데쳐먹는 방식이라서 굴은 굴대로 즐기고 굴껍질을 쌓아둘 이유도 없습니다. 손에 비닐장갑을 껴야 할 이유도 없고 일행들과 식사하는 자리의 분위기도 깔끔하게 됩니다.

쯔양의 맛&말　　굴찜

비린내 안 나고 부드러워서

입에서 살살 녹는 맛

장소| 서울 성동구 행당동『굴과 찜 사랑』

www.youtube.com/watch?v=rWkqKiqyOIA

> "
>
> 안녕하세요, 여러분. 제가 오늘은 지금 행당동에 왔거든요.
> 그.. 겨울하면 방어랑 굴은 꼭 먹어야 되잖아요?
> 오늘은 굴 먹으러 왔어요. 굴찜. 겨울에는 진짜..
> 굴이 비린내 안 나고 너무 맛있거든요. 얼른 가보겠습니다.
>
> "

"겨울에는 굴이 진짜 비린내 안나고 너무 맛있거든요. "

"입에서 살살 녹아요.
진짜 너무 맛있어서 비린내 하나도 안 나. "

"진짜 약간 우유 같다고 해야 하나. "

"잘 먹었습니다! "

정(情)을 담은 음식 이야기 6

부대찌개

군인들이
먼저 알려준
독특한 맛이에요

　저녁 무렵 부대 근처 집들마다 뽀얀 연기가 새어나오며 국을 끓이고 찌개를 끓이고 밥을 짓는 풍경이 그려지곤 하는데요, 군부대가 대부분 도심을 벗어난 산골지역에 자리잡은 탓에 주위는 논밭이거나 나무들 빽빽한 평야 인근 농촌 주택들이 연상되곤 합니다.

　이들 농가들마다 부엌에는 커다란 무쇠솥 몇 개를 걸어두고 한 곳엔 쌀밥을 짓고 다른 솥엔 국이나 찌개를 끓여내곤 했죠. 잔칫날엔 솥뚜껑을 엎어서 프라이팬 대용으로 삼기도 하고요. 이젠 어르신들의 추억 속에 자리잡은 지나간 풍경들이긴 합니다.

　미군 부대가 위치한 의정부나 송탄, 용산 등지에선 미군 부대에서 가지고 나온 햄이나 소시지 같은 인공육이나 통조림 등의 식재료가 많았는데요, 6.25 전쟁 직후 먹거리가 부족했던 시절엔 이런 육가공품이랑 콩통조림을 따서 섞어 넣고 찌개를 끓여내곤 했는데 이른바 부대찌개의 시작입니다.

어찌 보면 먹거리가 부족했던 시절에 가슴 시린 추억일 수도 있습니다만 그 부대찌개가 점점 확산되어 어엿한 하나의 메뉴로 자리잡은 요즘 상황에 비추어보면 그 당시 상황이 꼭 나쁜 것만은 아닌 것 같습니다. 누군가의 아이디어로 시작된 부대찌개가 이제는 한국인이 즐기는 별미 요리가 되었으니까요.

갑자기 든 생각인데요, 군대에 다녀오신 분들은 기억이 날지도 모르겠습니다. 부대에서 끓여먹는 라면은 그 맛이 정말 다른 데 비할 바 없이 최고였는데요, 이따금 컵라면에 햄과 소시지를 넣고 고추장 한 숟가락을 넣어 잘 흔들어준 후 뜨거운 물을 붓고 기다렸다가 뚜껑을 열고 맛보면 정말 이게 잊을 수 없는 최고의 별미였죠. 뜨거운 물, 라면, 고추장, 햄과 소시지가 들어갔으니 이것도 부대찌개, 즉 '컵부대찌개'라고 부를 수 있을 테니까요.

훈련지에서 텐트를 치고 반합에 끓여먹는 라면도 있죠. 거기에 고추장이나 초고추장을 한 숟가락 넣고 끓여주면 최고 요리사가 만든 그 어떤 요리보다 맛있는 찌개가 탄생하기도 했습니다.

햄과 소시지의 느끼함을 한국 입맛에 맞게 재창조한 부대찌개

그러고 보면, 군부대에서 즐기는 색다른 요리가 많았던 것만은 틀림없습니다. 그런 점에서 부대찌개가 탄생하던 당시에도 어쩌면 군인들이 외출이나 외박, 휴가를 나올 때 부대에서 먹던 햄과 소시지를 들고 나와서 식당에 주고는 끓여달라 해서 먹은 게 부대찌개의 시작은 아니었을까요?

부대 주변에 살던 사람들이 국거리나 찌개거리가 부족해서 부대에서 나온 햄이나 소시지를 찌개에 넣어 끓였다는 설(說)보다는 군인들이 부대에서 먹다가 부대 밖에서도 끓여서 먹은 게 알려져서 다른 사람들도 먹기 시작했다고 보는 게 합리적이지 않나 싶습니다. 물론, 그 유래가 어떻든 간에 **부대찌개**가 맛있는 건 틀림없는 사실이고요.

부대찌개는, 생각해보면, 햄이나 소시지의 느끼한 맛에 익숙하지 않았던 한국인들이 김치랑 고추장, 마늘, 대파 등을 넣어 끓이면서 특유의 칼칼하면서도 짭쪼롬한 육수를 탄생시켰다고 보입니다. 요즘 세대의 입맛에는 햄이나 소시지가 익숙하지만 과거엔 그렇지 않았을 것이니까요.

상상을 해봅니다. 햄이랑 소시지를 받아 보니 고기맛이 난다고는 하는데 소고기나 돼지고기처럼 생긴 것도 아니고, 무슨 고기인가 의문을 가진 분들도 분명 계셨을 것으로 보이고요, 일단 끓여나보자 하고 솥에 넣고 물을 부어 끓였더니 느끼해서 먹을 수가 없었겠죠. 느끼함을 잡아줄 갖은 양념을 넣었어야 했던 것이죠. 김치와 고추장을 넣으니 느끼한 맛은 오히려 감칠맛으로 변했네요. 햄과 소시지의 느끼함을 한국인의 입맛에 맞게 재창조한 **부대찌개**가 탄생하게 된 것이죠.

부대찌개를 만드는 재료는 소시지, 햄, 두부, 김치, 떡, 당면, 대파, 소고기, 마늘, 고추장, 후추, 고춧가루가 기본적으로 들어갑니다. 그 외에 재료를 추가한다면 페페로니를 넣는 분들도 계셨고요, 조리된 콩을 넣어주기도 합니다.

부대찌개를 끓일 때는 재료를 순서대로 넣는게 중요한데요, 여러 재료가 들어가면 익는 속도가 제각각이라서 순서대로 넣어서 골고루 익혀야 제맛이

나옵니다. 예를 들어, 1년 이상 된 묵은지를 솥 바닥에 놓고 그 위에 다진 소고기를 넣습니다. 소고기 위에는 햄이랑 소시지를 올려주고요, 떡국 떡이랑 당면을 얹어주죠. 그 다음엔 대파, 다진 마늘, 후추, 고춧가루 등을 넣어줍니다. 부대찌개를 집에서 조리해드실 때는 그냥 물을 사용해도 되는데요, 이왕이면 양파랑 무로 우려낸 채수를 넣어주면 더 깊은 맛이 난다는 점은 참고해주세요.

부대찌개 드시다가 사리 추가 해보셨나요?
떡사리, 당면사리, 라면사리 등 부대찌개에는 사리가 필수이죠. 사리의 역할은 먼저 국물을 진하고 걸쭉하게 만들어줍니다. 사리에서 나온 전분이 국물의 매운맛을 중화시키며 걸쭉하게 해주면 국물까지 남김없이 먹게 되죠. 매콤한 국물맛이 적당히 배인 사리를 건져 먹는 맛 또한 부대찌개의 묘미고요.

부대찌개 하면 의정부 부대찌개를 떠올리는 분들이 많습니다. 지금도 의정부에는 의정부 부대찌개 거리가 있는데요, 경전철 의정부 중앙역을 나오면 그 앞에 있습니다. 의정부 부대찌개 거리는 150여 미터에 이르는 길에 부대찌개 전문식당이 십여 개가 모여있는데요, 지난 2009년에 경기도에서 특성화거리로 조성한 곳입니다.
이러한 부대찌개는 의정부 스타일과 송탄 스타일이 있습니다. 차이점이라면 의정부 부대찌개 스타일은 맑은 육수를 사용하고 김치로 맛을 조절해서 소시지랑 햄을 적당하게 넣는 반면에 송탄 부대찌개 스타일은 소시지랑 햄을 많이 넣고 치즈를 넣어서 그 맛이 진하다는 것입니다.

이런 메뉴 어때요?

    부대찌개에서 아이디어를 얻은 다양한 메뉴를 제안합니다.

    부대찌개의 유래는 미군부대에서 근무하던 한국인 군인들이 **김치찌개**에 햄과 소시지를 넣고 끓여먹던 데서 비롯되었다고 볼 것입니다. 6.25 전쟁 직후 군부대는 주로 산악지형에 있었음을 감안하면 군부대 인근에 마을이 있었다고 보기 어려울 뿐더러 마을이 있었다고 해도 전쟁 직후에 군인들이 먹는 햄과 소시지를 마을로 가져가도 될 정도로 군인들에게 풍족했다고는 보기 어렵기 때문입니다.

    오히려 군부대에서 햄과 소시지 등을 넣고 끓여 먹던 찌개가 군부대 밖 사람들에게 전해지면서 사람들도 **부대찌개**라고 이름 붙여 먹기 시작했다고 보는 게 합리적입니다. 왜냐하면, 군부대에서 라면봉지에 뜨거운 물을 부어 먹는 '봉지면'이 있는 것처럼 햄과 소시지 등을 활용해서 요리를 해먹었던 군인들이 이름 붙인 것이라고 볼 수 있기 때문입니다.

    이 단락에서는 **부대찌개**에서 아이디어를 얻은 메뉴에 대해 알아봅니다.

① 뿔면

비빔냉면 소스, 라면사리, 초고추장, 케첩, 사이다, 땅콩가루 등을 준비합니다. 땅콩가루가 없으면 땅콩을 부수어 가루로 만들어 사용해도 됩니다. 비빔냉면 소스가 없으면 고추장에 케첩, 설탕, 사이다를 섞어 양념장을 만듭니다.

뜨거운 물을 부어서 라면사리를 익히고 비빔양념과 위 재료를 적당량 넣어주고 잘 섞어줍니다. 기호에 따라 따뜻한 물을 2~3 수저 양만큼 더 넣어주면 국물이 자작한 **뿔면**을 즐길 수 있습니다. 비빔냉면의 맛과 다른, 땅콩의 고소한 맛이 가미된 독특한 별미가 탄생합니다.

② 봉지면

비닐봉지 안에 라면사리, 양념가루를 넣고 뜨거운 물을 부어 잘 흔들어줍니다.

비닐봉지, 라면사리, 양념가루를 준비합니다. 양념가루는 마늘, 파, 깨, 설탕, 소금, 생강, 고춧가루 등을 잘게 부수어 만듭니다.

물을 끓여서 비닐봉지에 라면사리와 함께 넣고, 양념가루도 넣어준 후에 비닐봉지 입구를 잘 봉하고 5분 정도 기다립니다. 그리고 봉지가 좀 식으면 위아래로 잘 흔들어준 후에 젓가락이나 포크를 사용해서 비닐봉지 안에 면을 먹습니다.

③ 라면탕

매운탕과 라면의 합성어입니다. 라면을 끓이면서 물이 끓을 때쯤 고추장을 물 양에 맞춰 반 숟가락에서 한 숟가락 정도 넣어줍니다. 초고추장이어도 괜찮습니다. 추가 재료로 햄이나 소시지 몇 조각을 넣어줍니다.

라면스프를 그대로 사용해도 됩니다. 추가로, 대파 썬 것, 다진 마늘, 다시마 조각 등을 넣고 함께 끓이면 더욱 맛이 납니다. 고추장 또는 초고추장을 많이 넣을수록 진하고 걸쭉한 매운탕 맛을 낼 수 있습니다. 라면이 다 끓으면 매운탕 맛으로 라면사리를 넣은 매콤한 요리가 완성됩니다.

④ 건빵면

라면을 끓이면서 건빵을 적당량 넣어서 끓입니다. 라면에 건빵이 풀어지면서 라면 국물에서도 색다른 맛이 납니다.

만드는 방법은 물을 그릇에 넣어 끓이고 물이 끓으면 건빵이랑 라면을 넣어 조금 더 끓여 면을 완전히 익힙니다. 라면을 먹으면서 건빵을 맛보면 고기 같기도 하고 식감이 좋은 건더기 역할을 합니다. 혹시, 건빵에 함께 있는 별사탕이 있다면 라면을 끓일 때 건빵과 함께 그릇에 넣고 잘 저어주세요. 라면 국물에서 달달한 맛이 납니다.

쯔양의 맛&말 　부대찌개

느끼하지 않고 얼큰한 맛
마늘향이 확 나요

장소ㅣ 서울 서대문구 충정로 『호산나 의정부 부대찌개』
www.youtube.com/watch?v=D-ibX5vxe6M

"
안녕하세요, 여러분. 제가 오늘은 지금 충정로에 왔는데요.
여기 근처에 되게 유명한 부대찌개 집이 있거든요.
근데 여기가 부대찌개도 유명한데 돈가스가 엄청 맛있다고
해서 궁금해서 찾아와봤습니다. 근데 여기 간판이 진짜..
와.. 진짜 오래된 느낌인데?
"

"역시 부대찌개는 라면사리지."

"느끼보다는 살짝 얼큰에 가까운게 마늘향이 확 나요."

"우아, 이거는 맛 없을 수가 없다."

"잘 먹었습니다."

정(情)을 담은 음식 이야기 7

연탄(석쇠)구이

탁탁! 치는 소리에서
점점 더 특별한 맛이
생겨나요

함박눈이 펑펑 내린 다음날 아침엔 도로가에 하얀 눈밭이 펼쳐지곤 합니다. 차가 다니는 길에는 차 바퀴에 눈이 녹아 검은 아스팔트가 드러나긴 하지만, 이른 아침 주택가 골목엔 치우는 사람이 없어 눈이 그대로 쌓여있기 마련이죠.

아침 출근길에 바쁜 직장인들이 집에서 나와 골목에 쌓인 눈밭을 조심스럽게 걸어가고 나면 학교 등굣길에 나선 동네 꼬마들이 엄마 손을 잡고 골목 눈밭을 걸어가며 깡총깡총 뛰곤 합니다. 아무도 지나가지 않은 눈밭에 자기 발자국을 남기려고 고개를 이리저리 돌리며 새로운 눈밭을 찾기도 하죠.

정작 문제는 출근길에 나서는 자동차들입니다. 주차장에서 나와 큰 도로에 접어들려면 다소 경사진 골목을 내려와야 하는 경우가 종종 있었죠. 아직 녹지 않은 눈밭 위를 자동차가 미끄러지기라도 하면 큰일이기에 사람들은 자동차 밖으로 나와서 골목 이쪽저쪽을 두리번거렸습니다. 어느 집에서 간밤에 내놓은 연탄재라도 찾는 것이지요. 그걸 부숴서 눈밭에 뿌리면 자동차가 지나갈 수 있거든요.

도시가스가 집집마다 들어오기 전, 그러니까 1970~1980년대 주택가 풍경들입니다. 집집마다 연탄을 때고 나면 하얘진 연탄재를 집 앞 대문 옆에 수북하게 쌓아두곤 했죠. 환경미화원분들이 큰 고생이었습니다. 리어카를 밀며 동네 곳곳을 다니던 시기, 연탄재를 치우려면 몇 번이고 왕복해야만 했거든요. 그래서 연탄은 방을 따뜻하게 데워주던 고마운 존재인 동시에 다 타고나면 거추장스런 쓰레기가 되기도 하는, 그런 불편한 존재이기도 했죠.

아이부터 어른까지 한국인의 삶과 함께 해온 연탄

뽑기.

당시 거리에는 뽑기 장사들이 인기를 끌곤 했습니다. 국자 한 개, 소다, 설탕, 젓가락을 들고 연탄을 넣은 화로 한 개로 장사하는 사람들이었는데요, 설탕을 국자에 덜어 녹이다가 다 녹을 즈음 소다를 넣어 빵처럼 부풀어오르게 합니다. 그런 다음 얇은 철판에 탁하고 쳐서 쏟고 동그랗게 생긴 철판으로 눌러줍니다. 평평해진 소다 설탕 덩어리 위에 별 모양, 네모, 세모, 동그라미 형태의 철사를 대고 눌러서 모양을 만들고 개당 얼마씩 팔았습니다.

설탕이 녹아 빵처럼 부풀어오르는 것도, 찍힌 모양대로 떼어가며 먹었던 달달한 설탕 조각들도 신기해서 아이들이 모여들었습니다. 그 모양대로 부러뜨리지 않고 잘 뽑으면 뽑기 장사는 상으로 한 개를 더 줬습니다. 연탄 화로

한 개로 설탕을 녹여 팔던 뽑기 장사 이야기입니다.

최근 '오징어게임'에서 소개되는 바람에 그 시절을 알지 못하는 요즘 세대에게도 유명해진 지나간 시대의 풍경 중 하나입니다.

어른들은 그 당시 실비집(대포집)이라고 부르던 술집에 들러 연탄을 넣은 원형 기름통(드럼) 주위에 둘러앉아 대포라고 부르던 술을 한 그릇, 두 그릇 나누었습니다. 연탄 화로가 들어간 둥근 드럼통 가장자리에 철판을 대서 식탁 형태로 만들고 연탄불 위엔 고기 안주를 구워 팔거나 국물 안주를 내오며 막걸리 등 술을 팔던 식당들입니다.

한국인의 삶에는 이처럼 연탄의 쓰임새가 다양했습니다. 방을 데우고, 눈밭에 미끄러지지 않게 뿌리는 재료로 쓰고, 학생들에겐 뽑기 놀이 겸 군것질 거리를 만드는데 사용하고, 어른들에겐 술집에서 안주거리를 올려두던 연탄 이었습니다. 그래서 하루 장사를 마친 다음 날 아침이면 실비집 문 옆 담장 앞에 겹겹이 놓인 연탄재들을 보는 게 일상이었습니다.

이처럼 다양한 곳곳에서 한국인들의 삶과 함께 해온 연탄이 한국에 등장한 건 1920년대로 알려집니다. 연탄은 석탄산업의 시작과 연결고리를 형성하는데요, 일설에는 1993년 개항 이후 평양 지역에서 석탄산업이 시작되었다고 전해집니다. 1891년에 독일의 마이어 상사가 인천에 설치한 세창양행에 담보를 제공하고 은(Silver) 10만 냥을 차관으로 받으면서 탄광의 채굴권을 얻게 되었다고 합니다.

한편, 〈삼국사기〉와 1590년 평양관찰사 윤두수가 편찬한 〈평양지〉, 1730년 윤유의 〈속평양지〉에서 석탄에 대한 기록을 찾아볼 수가 있다고 하니 1883년 개항 이후가 아니라 우리나라에 석탄이 전해지고 사용된 시기는 훨씬 오래 전부터의 일이라고 할 수 있을 것입니다.

그 후, 1905년에 광업법이 제정되면서 일제강점기에 연탄이 생산되기 시작했습니다. 1920년대에 이르러 평양광업소에서 벽돌 모양의 연탄이 최초로 생산되었다는 기록이 전해집니다. 이렇게 생산된 연탄은 당시엔 구멍이 2개짜리, 즉, 2공탄이었고요. 사람들에게 생활필수품으로 사용되기 시작한 것은 1950년대에 들어서였습니다. 대한석탄공사가 설립되면서 본격적인 연탄 제조와 공급이 이뤄진 것이라고 할 수 있습니다.

연탄직화구이의 탄생

연탄을 가정용으로 쓰다가 식당에서도 난방용이랑 연료로 사용했는데요, 점차적으로 연탄직화구이를 내건 식당들이 늘어났습니다. 연탄은 가스불보다 열 전달 속도가 5배 이상 빨라서 고기를 굽는 데도 빠르게 익힐 수 있었고, 찌개를 끓이거나 국, 반찬을 만드는데도 훨씬 빨랐지요. 식당들로서는 효율적이기까지 했습니다. 게다가 숯보다 더 오래가고 가스불보다 강하니까 조리하는 데 더 편리하기도 했고요.

식당에서는 연탄을 때며 미리 준비해두었다가 손님이 들어오면 원통형 식탁에 연탄을 가져다 넣어줍니다. 이때 연탄은 불이 잘 붙어서 화력이 강한 상태죠. 앞서 말씀드렸던 실비집 시대에는 기름을 담는 드럼통을 개조해서 만든 식탁이었다면 현대에는 연탄구이용으로 제작된 맞춤형 식탁인 게 달라진 변화입니다.

연탄구이에 석쇠를 사용하는 이유는 화력을 재료 곳곳에 제대로 전달해주기 위함입니다. 이때 석쇠는 재료를 튼튼히 받쳐줄 수 있을 정도로 튼튼해야 하므로 굵은 철사를 사용하는 게 좋습니다. 석쇠 위에는 삼겹살, 가브리살, 목살, 돼지껍데기 등의 육류는 물론, 고등어나 삼치 등의 생선류도 올려집니다. 석쇠에 올려져 연탄불 위에서 익혀지는 고기나 생선들은 연탄불 화력 덕분에 빠르게 골고루 익혀지게 됩니다. 또한, 연탄불 위에서 구워지는 동안 재료에서 기름이 빠져 연탄 위에 떨어지며 치치칙거리는 소리를 듣는 것은 **연탄구이**에서만 얻을 수 있는 경험이라고 할 수 있습니다.

그뿐 아니죠.

연탄직화구이는 연탄 위에서 대기하는 사이 훈증되면서 재료 골고루 맛이 익어들어가는데요, 재료의 상태에 따라 여러 가지 종류가 있습니다.

가령, 고기랑 채소를 함께 구워서 고기에 채소 수분이 전달되게 굽는 스타일, 고기만 바짝 익힐 정도로 굽는 스타일, 양념고기를 굽는 스타일, 고기를 다져서 떡갈비 형태로 석쇠에 넣고 굽는 스타일 등 그 종류가 다양합니다. 또 다른 방식으로는 식당에서 초벌구이를 한 후에 손님 테이블에서 재벌로 굽는 방식이 있습니다. 연탄구이의 맛은 재료의 상태도 중요하지만 굽는 실력에 따라 차이가 생깁니다.

연탄구이 식당들은 새 연탄과 사용한 연탄을 가게 출입문 옆 담장에 잔뜩 쌓아두고 홍보 효과를 누리는데요, 사용한 연탄이 많을수록 장사가 잘되는 곳이란 인식을 줄 수 있죠.

식당에서는 **연탄구이**를 할 때 식당 안쪽 주방보다는 식당 출입문 옆쪽의 식당 바깥에서 굽습니다. 사람들에게 보일 수 있는 홍보 효과도 있고요, 연탄에서 나오는 가스도 식당 바깥에서 날려보낼 수 있습니다.

이때 **연탄구이**를 하는 모습을 보면 그 식당의 **연탄구이** 맛을 짐작할 수 있습니다.

설명드린다면, 석쇠를 연탄 위에 내려치면서 굽는 경우가 있습니다. 이때 재료에서 나온 기름이 연탄불에 튕기면서 불꽃을 일으킵니다. 연탄 화로 바깥으로 불꽃이 튕기면서 거리의 사람들이 불맛에 대해 호기심을 갖게 하는 효과도 있습니다. 동시에 재료의 기름을 떨구면서 연탄불의 화력이 재료 안으로 속속들이 들어가서 전체적으로 잘 익혀줍니다. 연탄불의 불기가 재료 속으로 들어가면서 불맛을 입히는 단계이기도 합니다. 일명 '화근내'라고 하죠. '탄 냄새'를 입혀주는 과정입니다.

연탄구이를 하면서 재료에 와인이나 고량주를 뿌려주면 불꽃이 일기도 하는데요, 이렇게 생기는 불꽃과는 겉모양은 비슷해보일지 몰라도 속맛이 전혀 다릅니다. 석쇠를 연탄불에 내려쳐주는 정도에 따라 훈증 효과가 생기면서 제대로 된 불맛이 생겨납니다.

숯불이 숯 갈무리하는데 시간이 오래 걸린다면 **연탄구이**는 언제든 구울 수 있어서 손님 응대 속도도 단연코 최고입니다. 주문하면 5분 이내에 **연탄구이**를 마친 안주가 손님 식탁에 놓일 수 있습니다.

분위기는 재벌구이, 맛은 초벌구이, 국수는 재벌구이, 밥은 초벌구이.

연탄구이 식당에서는 초벌을 해놓고 손님이 오면 재벌해서 서빙하는 식당이 있는데요, 기름기가 별로 없는 고기를 사용하고 재벌하는 사이 육즙이 빠져서 다소 퍽퍽한 맛이 있습니다. 대신에 한 번만 구워서 내는 식당에서는 재료의 향미가 살아있어서 맛이 좋고 국수 대신 밥을 줘서 서로 맛이 어우러지게 합니다. 재벌구이 식당에서는 퍽퍽한 맛을 보완해줄 수 있는 국수를 내는 것이고요, 초벌구이 식당에서는 재료의 맛에 어울리게 밥을 제공하는 것이죠.

필자의 의견을 덧붙인다면 분위기는 재벌구이, 맛은 초벌구이라고 말씀드릴
수 있겠습니다.

이런 메뉴 어때요?

연탄(석쇠)구이에서 아이디어를 얻은 다양한 메뉴를 제안합니다.

연탄구이는 복고 감성을 느끼게 해주는 훌륭한 장치라고 할 것입니다. 한창 개발이 이뤄지던 도시 곳곳에서 하루 일과를 마친 근로자들이 동네 어귀 허름한 식당가에서 삼삼오오 모여 고기를 구워 먹던 그 시절 풍경을 떠올리게 해줍니다. 드럼통으로 테이블을 삼고 연탄불을 드럼통 안에 넣고 그 주위에 모여 앉아 연탄불 위에 **돼지갈비**를 얹어 구우며 소주 한잔을 나누던 그 시절 어른들의 모습이 그려지기도 합니다.

시간이 흘러 이제는 대도시가 되고 아파트 단지가 된 깔끔한 식당에서 연탄구이를 활용하는 아이디어 메뉴를 알아봅니다.

① **내추럴직화구이**

대파, 고구마, 감자, 옥수수, 콩, 바나나, 사과 등의 채소(과일)를 연탄불에 구워 마요네즈 및 소스랑 곁들여 냅니다.

복고 감성과 현대 패스트푸드 감성이 혼합된 새로운 메뉴입니다. 테이블

중앙에 연탄 화로를 넣은 일체형 테이블을 준비합니다. 굽는 식재료는 대파, 고구마, 감자, 옥수수, 콩, 사과, 바나나 등을 준비합니다. 다만, 고구마, 감자, 콩처럼 구울 때 파편(?)이 튈 수 있는 재료들은 알루미늄호일로 한 번 감싸서 불 위에 구워내고, 직접 구워도 괜찮은 식재료들은 석쇠에 넣어 연탄불 위에 올려 굽습니다.

연탄불 위에서 구워진 대파, 고구마, 콩, 바나나, 사과 등은 비닐장갑을 끼고 직접 까서 먹도록 하거나 먹기 좋은 크기로 잘라서 접시 위에 올려 냅니다. 구워낸 식재료들은 그대로 먹어도 좋고 마요네즈나 키위소스 등, 여러 소스를 찍어 먹도록 합니다.

② 봉떡연탄구이

떡을 연탄불 위에서 구워 만듭니다.

가래떡을 길이 20cm 정도의 일정한 크기로 잘라서 굽습니다. 연탄불 위에 석쇠를 펴두고 그 위에 가래떡을 올려 굽습니다. 떡을 이리저리 굴려가며 전체적으로 잘 구워냅니다. 노릇노릇하게 구워진 떡을 그릇에 옮겨 한입에 먹기 좋도록 잘라내고 조청(엿물)이나 꿀에 찍어 먹도록 합니다.

가래떡은 가운데에 봉치즈를 넣어 **치즈봉떡**을 만들 수 있습니다. **치즈봉떡**을 연탄불에 구우면 구운 치즈와 가래떡이 입 안에서 섞이면서 독특한 식감을 내며 맛있습니다.

연탄불 위에 굽는 **봉떡** 종류로는 가래떡 안에 봉치즈 대신에 더덕을 넣은 **더덕봉떡**, 핏물을 뺀 소고기를 떡볶이 떡 굵기로 길게 잘라서 가래떡 안에 넣어 만드는 **우육봉떡**, 돼지 막창 속에 봉떡을 넣어 만드는 **봉떡순대**, 게맛살을 가래떡 안에 넣어 만드는 **게살봉떡**, 고구마를 가늘고 길게 잘라서 가래떡 안에 넣은 고구마떡이 가능합니다.

③ 통오징어연탄 (석쇠) 구이

통오징어를 석쇠에 넣고 연탄불 위에 굽습니다. 양념을 곁들여 먹습니다.

신선한 오징어를 통째 석쇠에 넣어 연탄불 위에서 굽습니다. 이때 연탄불의 화력이 너무 세서 타지 않도록 주의해야 합니다. 오징어 다리 부분에는 되도록 불이 덜 가도록 하고 몸통 부분이 다 익은 후에 다리를 굽도록 합니다. 오징어가 익어가면서 겉면이 노릇해지면 버터를 조금씩 발라서 윤택을 유지하는 것도 좋습니다. 오징어를 통째 구우며 오징어 겉에 버터를 발라주면 버터가 오징어 틈으로 스며들면서 나중에 먹을 때 입안에 버터향과 함께 식감이 훌륭합니다.

오징어를 다 구우면 칼로 채 썰 듯 썰어서 오징어 형태를 유지한 채로 그릇에 담아냅니다. 오징어 먹물이 터지지 않도록 주의합니다. 통오징어구이와 곁들일 수 있는 초간장, 초고추장, 소스 등을 함께 냅니다.

④ 스테이크연탄 (석쇠) 구이

안심스테이크를 연탄 석쇠에서 익힙니다.

스테이크는 센 불로 겉면을 빨리 익혀서 육즙이 빠지지 않도록 해주고 불 조절을 해가며 고기의 속이 적당하게 익도록 조절해주는 게 포인트입니다. 철판이나 그릇에서 구울 때는 고기에 기름이 빠지지 않아서 다소 느끼한 맛이 유지될 수 있는데 연탄석쇠구이에서는 고기의 기름은 석쇠 사이로 흘러내리게 하고 고기의 겉은 센 불로 빨리 익혀서 육즙을 가두는 게 중요합니다.

연탄석쇠구이를 하면 불맛이 고기에 전달되어 스며들므로 입 안에서 그 풍미가 더해집니다. 기름기는 쭉 빠진 상태의 육즙만 남은 고기가 되어 식감이 좋습니다. 연탄석쇠구이를 하면 소고기 스테이크의 경우, 레어(Rare: 살짝 익히기), 미디엄(Medium: 반 정도 익히기), 웰던(Welldon: 완전히 익히기)을 먹으면서 조절할 수 있어서 더 편리합니다.

고기의 '마블링'은 지방질이므로 부드러운 식감은 느낄 수 있지만 맛있는 부위를 드시려면 마블링이 적은 육질을 선택하는 게 바람직합니다.

⑤ 연탄구이즉석피자

연탄 크기에 맞춘 철판에 피자를 올려 연탄 위에서 굽습니다.

피자 크기를 정하고 피자 크기에 맞는 판을 준비합니다. 밀가루 반죽을 해서 도우(Dough)를 만들고 숙성시켜둡니다. 피자를 만들 때는 숙성시켜둔 도우를 잘 펴서 피자를 구울 판 크기에 맞춰 올리고 위에 토마토 소스를 바른 후에 토핑 재료를 올립니다. 이때 피자 판은 작은 구멍들이 뚫려 있는 철판이면 좋습니다. 피자 바닥에 열 전달도 잘 되고 피자를 구울 때 토핑 재료로 올린 고기에서 기름기를 빼는데 좋습니다.

피자의 모든 재료를 올린 판을 연탄불 위에 올려둡니다. 이때 피자 판 크기에 맞는 철뚜껑을 준비해서 판을 덮어두면 피자가 익어가는 동안 오븐에서 구워지는 효과를 기대할 수 있습니다.

피자가 다 익으면 뚜껑을 열고 피자를 각 접시에 나눠 냅니다.

쯔양의 맛&말 연탄구이

연탄구이 향이 좋고
고기가 진짜 야들야들 담백해요

장소| 강원도 태백시 황지동 『현대실비』
www.youtube.com/watch?v=ytgDdVzUUy8

안녕하세요, 여러분, 제가 오늘은 지금 태백시에 왔습니다.
연탄으로 구워먹는 소고기가 되게 유명하다고 하거든요.
그래가지고 연탄소고기 집이 진짜 많은데 오늘은 그..
정육점에서 시작해가지고 40년 전통을 이어온 곳에
제가 가볼 거예요. 여기!

"

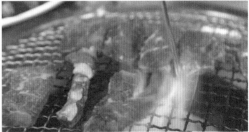

"되게 향이 좋고 그리고.."

"육즙 대박인데?"

"고기가 진짜 담백해요."

"향도 좋고 야들야들 진짜 맛있다."

정(情)을 담은 음식 이야기 8

알탕

동글동글한 알들이
입 안에서 톡톡 터져서
미소가 생기는 맛이에요

겨울에서 봄으로 넘어가는 계절이 되면 며칠은 추웠다가 며칠은 따뜻한 온도차가 생깁니다. 이때는 내복을 입어야할지 말지 번거롭기도 하고 하루는 장갑을 끼고 다른 날은 맨손으로 일을 봐도 손 시리지 않은, 그런 날씨 변화가 있는 시기입니다. 그래서일까요? 몸이 추웠다 더웠다 반복할 때는 뜨거운 국물에 동동 띄운 **알탕**이 간절히 생각납니다.

그중에서도 명태알을 넣어 끓인 **알탕**인데요, 뜨거운 장국 속에서 잘 익은 알덩이 한 개를 젓가락으로 집어 꺼내 한 입 베어물면 톡하고 터지듯 벌어진 알덩이 사이로 작은 알들이 가득 들어있습니다.

식감 또한 텁텁하지 않고 적당히 아삭거리는데 알갱이가 톡톡 터지면서 입 안에 퍼지는 **알탕**의 화한 기운이 온몸을 따뜻하게 데워주는 기분이 듭니다.

조신시대에는 궁중에서 단오 때 즐겼다던 **어알탕**이 있었습니다.

먼저 쇠고기를 넣고 양념해서 장국을 끓여 준비해둡니다. 민어와 닭고기를 다져서 마늘, 파, 소금, 참기름 등을 넣고 은행알 만한 크기로 떼어냅니다. 잣을 두 개씩 넣어 알처럼 빚어 '어알'을 만든 후 전분(녹말)을 씌워 쪄냅니다. 그리고 이렇게 만든 '어알'을 그릇에 담아 장국을 부어 만듭니다.

알탕에는 각종 생선의 알이 주재료로 사용됩니다

하지만 알탕은 **알탕**.

실제 생선 알이 주재료인 탕입니다. 매운탕에는 생선이 주재료이지만 **알탕**에는 생선 알이 주재료라는 점이 다른데요, 미나리, 콩나물, 무를 넣어 우려서 국물 맛을 내고 주로 사용하는 알은 명태의 알(명란)을 넣어 만듭니다. 물론 각 지역에 따라 다른 생선의 알을 사용하기도 합니다.

참고로, 명란에 대해서는 이규경(1788~1856)이 지은 〈오주연문장전산고 · 북어변증설〉에서 찾아볼 수 있는데요, 사람들이 명태(明太)라고 부르는 생선의 원명은 북어(北魚)입니다. 봄에 잡는 것은 춘태(春太), 겨울에 잡는 것은 동태(凍太)라고 부르며 동짓달에 판매하는 것은 동명태(凍明太)라고 부른다고 전합니다. 이 명태의 알로 젓을 만든 것을 '명란'이라고 부릅니다.

알탕이라고 해서 반드시 명태알만 사용한 것은 아니었습니다. 숭어, 민어, 연어의 알을 알포(알주머니) 그대로 떼어 소금에 절여 꾸덕꾸덕하게 반쯤 말린 '어란'이란 음식도 있습니다.

명란젓 조리법은 1924년 이용기의 〈조선무쌍신식요리제법〉에서 기록을 찾아볼 수 있는데요 "명란젓은 찌개를 하든지 날로 먹는다"고 한 것으로 보아 당시에 한국인들의 밥상에서 자주 볼 수 있는 음식이었다고 보입니다.

명란을 한마디로 정의하자면 명태의 알집에 소금으로 간해 삭혀낸 것입니다. 명란의 모체 '명태'를 활용하는 요리도 많은데요, 국이나 찌개에 넣기도 하고 명태살을 발라서 '포'를 뜨기도 하며, 명태를 말린 북어나 황태를 원재료로 삼는 음식도 많은 것이죠.

한편, 일본인들은 명란을 가라시멘타이코(辛子明太子:고춧가루 명태알)라고 부르면서 후쿠오카의 하카타가 주산지인 일본 요리라고 생각하는데요, 사실은 우리 나라의 명란이 일본에 전해진 것입니다. 1897년 강원도 원산에 와서 명태어업에 종사하던 히구치 이쓰하(1872~1956)가 1907년 강원도 양양에서 명란을 상품화하는데 노력하다가 1908년에 부산 부평동에서 명란을 제조하여 시모노세키로 보냈다는 기록이 있습니다.

이보다 앞선 기록으로는 부산 초량의 왜관에서 근무했던 일본인 아메노모리 호슈(1668~1755)의 〈교린수지(交隣須知)〉에서 명태가 함경도에서만 난다고 기록되어 있는 것으로 보아 명란이 일본의 요리라고 보기엔 어렵다고 할 것입니다.

우리는 요즘 우리 바다에서 난 명태를 먹을 수 있을까요?

아쉽지만 1980년대 이후부터 명태 어획량은 급격히 줄어들어서요, 2008년 국내산 명태 어획량은 전무하게 되었습니다. 옛날에는 강원도 고성, 함경도 바다에서 어획한 명태가 많았던 것에 비하면 요즘은 베링 해역에서 어획하는 명태를 기대해야만 하는 상황인 것이죠. 2016년에 비로소 명태 완전 양식

기술개발이 이뤄졌으므로 앞으로는 양식 명태를 기대할 수 있긴 합니다.

알탕의 진짜 맛은 제대로 만든 명란에서 시작됩니다!

명태는 해산물입니다. 생선이죠. 그래서 소금을 간해 삭힌 명란도 제대로 삭힌 향이 중요합니다. 해산물로서의 비릿한 향이 유지되면서 입안에서 씹을 때 낱알이 씹히면서 입안 가득 느껴지는 향과 식감, 그래서 명란은 소금기나 조미료 맛이 아니라 제대로 삭히는 기술과 신선한 명태가 제일 중요하죠.

요즘은 짠 음식보다는 덜 짠 음식을 선호하다보니 소금 간을 덜하고 조미료를 더한 명란이 소비되는 상황이기도 한데요, 알탕을 냄비에 끓였을 때랑 뚝배기에 끓였을 때랑 맛이 다르듯이 명란 특유의 맛을 잘 유지해서 알탕으로 만들어내는 주방장의 실력이 중요합니다. 명란의 짠 맛이 똑같은 짠맛이 아니라는 것이고요, 알탕으로 만들 때 느껴지는 그 맛이 실력의 차이라는 이야기입니다.

가령, 명란을 만드는 방법에서 샛노란 알집에 소금을 입혀서 붉게 만드는 것도 언제, 어디서, 어느 온도에 하느냐에 따라 다르게 되는 것이죠. 명태 알집을 항아리에 넣고 소금이랑 고춧가루를 넣어 삭히는 것도 시기, 온도, 방식, 분량에 따라 실력의 차이가 있고 나중에 명란의 맛에 영향을 주는 요인들입니다. 명란을 찌개로 끓일 때도 파와 고추를 어느 정도 넣을지에 따라 맛이 달라지고 불의 세기에 따라 어느 정도의 불에서 얼마의 시간 동안 끓여야 명란의 맛이 우러나오는지에 대해서도 음식을 만드는 사람의 실력에 따라 차이가 생깁니다.

일례로, 요즘 많이 소비되는 명란은 염도 4%인데, 이보다 더하거나 덜한 염도의 명란을 어느 재료랑 섞어서 **알탕**으로 만들 것인가라는 문제도 그 맛의 차이를 만들게 되는 것처럼요.

명란을 끓여 만드는 **알탕** 한 그릇에도 오랜 세월의 노하우가 응집된 실력파 주방장의 손맛이 더해지는 걸 보면 세상 모든 일이 손쉽게 이뤄지는 게 아니라는 사실을 새삼 느끼게 되는 것 같습니다.

이런 메뉴 어때요?

알탕에서 아이디어를 얻은 다양한 메뉴를 제안합니다.

매콤한 국물 한 수저만 먹어도 온몸이 따뜻해지는 맛, 입안에서 톡 터뜨리는 알탕의 식감은 세상 그 무엇보다도 짜릿하다고 할 수 있습니다. 밥 한 수저에 알탕 한 수저면 어느새 몸이 든든해지는 기분마저 듭니다. 입안에서 맴도는 알탕의 풍미를 잊지 못하는 이유이겠죠? 이 단락에서는 알탕의 매력을 한층 더 배가시켜줄 수 있는 새로운 메뉴 아이디어를 알아봅니다.

① 명란연탄(석쇠)구이

명란을 연탄불에 구워냅니다.

명란을 흐르는 물에 살짝 세척해서 겉에 묻은 불순물을 제거합니다. 이때 명란을 너무 오래 씻지 않도록 주의합니다. 명란 자체의 식감이 변할 수 있고 맛에 영향을 줄 수 있습니다.

준비된 명란을 끓는 물에 데쳐내듯 살짝 넣었다가 빼서 석쇠에 놓고 연탄불 위에 올려 굽습니다. 명란을 놓은 석쇠를 너무 세게 쥐거나 흔들지 않도록 합니다. 석쇠를 뒤집어가며 명란을 골고루 익혀줍니다. 명란을 익힐 때는 연탄불의 약한 불을 사용합니다.

명란을 구하기 어려울 때는 명란젓을 이용할 수 있습니다. 시중에서 판매하는 명란젓을 석쇠에 올려서 연탄불 위에 올려둡니다. 한쪽 면이 익었다 싶으면 반대쪽 면도 익혀줍니다. 명란젓 특유의 맛이 연탄불에서 익어가면서 불맛이 들어가는데요, 호불호가 갈릴 수 있는 맛입니다.

② 명란꼬치탕

잘 익힌 명란을 꼬치에 끼워 탕으로 냅니다.

알탕의 꼬치 버전이라고 할 수 있습니다. 일반적인 알탕은 명란이 그대로 담겨져 있는 상태인데 반해 명란꼬치탕은 제대로 익은 명란을 꼬치에 끼워 탕으로 끓여낸 것입니다.

알탕을 먹을 때 알의 크기가 크면 여러 번 베어 물었다 놨다 하는 불편함이 있는데 명란꼬치탕은 그런 불편함이 없어서 편리합니다. 또한, 알탕을 먹으면서 알을 끊어먹을 때는 알탕에 작은 알들이 퍼지면서 걸죽해지는 맛이 있는데 비해서 명란꼬치탕은 꼬치를 사용하는 덕분에 명란의 원형 그대로의 맛을 오래 즐길 수 있습니다.

③ 명란덮밥

해조류를 섞은 밥 위에 명란을 얹습니다.

톳이나 다시마를 넣어 하얀 쌀밥을 짓습니다. 그릇에 옮겨 담고 명란젓을 밥 위에 얹어 상에 냅니다. 밥을 담은 양과 그릇의 크기에 따라 명란 1~2개를 얹으면 됩니다. 곁들이는 소스류로는 초간장이나 와사비 또는 고추냉이를 사용합니다.

명란을 수저로 눌러서 쌀밥에 비벼 먹어도 별미이고요, 명란을 조금씩 덜어 소스에 찍어 먹어도 맛있습니다. 슴슴한 해조류 쌀밥과 명란젓의 짭쪼롬한 그 특유의 맛이 어우러져 별미가 됩니다.

여러분의 아이디어 메뉴를 기록해 보세요.
한국을 대표하는 시그니처 음식으로 탄생할 수 있습니다!

메뉴명:

만드는 법:

쯔양의 맛&말 　　　알탕

겉에는 그 쫄깃한 식감
딱 깨물면 야들야들 부드러운 알이~

장소| 강원도 원주시 『까치둥지(동태알탕전문점)』
www.youtube.com/watch?v=PWWm9Cy4GiY

"
안녕하세요, 여러분, 제가 오늘은 지금 원주에 왔습니다.
여기 원주에 진짜 유명한 알탕집이 있는데..
거의.. 전국에서 제일 유명한 알탕집이거든요.
여기 예전부터 되게 와보고 싶었는데 오늘
드디어 한 번 와봤습니다.
"

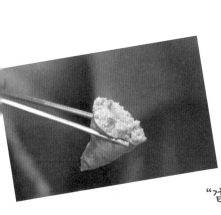

"겉에는 그 쫄깃한 식감 딱 깨물면은 입 안에서 막 그 알이 완전 확."

"왜 이렇게 부드러워? 말도 안 돼."

"알이 딱딱하지가 않고 이렇게 야들야들해요."

"오! 진짜 국물이 진국이야."

정(情)을 담은 음식 이야기 9

주꾸미볶음

입 안에
봄이 들어온
맛이에요

　죽순이 한창 나오기 시작하는 계절이 봄인데요, 봄비가 내리고 나면 대나무 밭에는 어린 죽순들이 얼굴을 많이 내밉니다. 우후죽순(雨後竹筍)이란 말도 그래서 나왔죠. 비 내린 후에 죽순의 수가 많아진다 해서 붙여진 말입니다.

　그런데 봄이 제철인 어류가 있습니다.

　도다리?

　봄 도다리, 가을 전어라고 해서 도다리라고 생각하시는 분들도 계실텐데요, 틀린 이야기는 아닙니다. 다만, 봄에 도다리 외에도 또 제철 어류가 있는데요, 바로 주꾸미입니다. 주꾸미의 어원을 죽금어(竹今魚)에서 유래했다고 보는 의견들이 그렇습니다.

생김새는 오징어와 꼴뚜기 중간 정도의 크기에 낙지나 문어랑 닮은, 개펄에 서식하는 주꾸미, 그 맛은 봄에 제격입니다. 특히 4월 정도를 제맛나는 제철이라고 합니다.

원조가 따로 없는 용두동 주꾸미 골목

주꾸미볶음으로 유명한 주꾸미 골목이 있습니다. 천호동 인근 이면도로로 접어들면 주꾸미 식당들이 늘어선 골목이 있고요, 서울 용두동에도 유명한 주꾸미 골목이 있습니다. 힘든 일과를 마치고 늦게 퇴근하던 사람들이 하나둘 모여 하루의 고단함을 해소하는 곳, 주꾸미가 유독 서민의 음식처럼 느껴지는 이미지가 그렇습니다.

용두동 주꾸미 골목의 시작은 매우 작게 출발했습니다. 1967~1970년 즈음 서울 이주 붐이 일었습니다. 많은 사람들이 서울로 왔고 서울 부도심 지역에 주택가가 형성되었습니다. 사람들이 몰리고 가내수공업을 하는 사람들이 늘어나면서 그들을 위한 백반집이 많이 생겼습니다.

1980년대 초 무렵입니다.

용두동 골목에서 백반집 호남식당을 운영하던 나정순 할머니가 어느 날 백반 반찬으로 내놓은 **주꾸미볶음**이 인기를 끌면서 주꾸미 골목이 태동하게 된 것이죠. 매운 양념의 주꾸미를 철판에 볶아내는 요리, 우리가 아는 주꾸미 볶음의 시작이었습니다.

그리고 1990년대에 들어서 주꾸미 식당들이 여기저기 문을 열었는데요, 신기하게도 이곳엔 '원조'라는 간판을 붙인 곳이 안 보입니다. 어느 식당이 '원조'가 아닌, 주꾸미 골목에 오면 모두 원조 주꾸미의 맛을 볼 수 있다는 의미가 아닐까요? 그 이유는 이곳을 방문한 사람이라면 쉽게 알 수 있을 것입니다. 각 식당마다 '별관'을 차릴 정도로 주꾸미볶음 장사가 잘 되는 곳이기 때문이겠죠.

'주꾸미볶음에 주꾸미만 들어가면 되겠지, 뭐 다른 재료가 필요할까'

사실 틀린 이야기는 아닙니다. 주꾸미볶음 재료는 대부분 비슷합니다. 차이점이라면 반찬에서 변화를 주는 경우들인데요, 주꾸미복음을 먹고 밥을 볶을 때 청국장을 제공해주거나 짜장소스, 크림소스를 제공해주는 식당들도 있습니다.

주꾸미복음이 맵다 보니 입안을 달래주는(?) 목적으로 호박죽이나 팥죽을 제공하는 곳도 있습니다. 어떤 식당은 양념을 별도로 제공해서 손님들이 자기 입맛에 따라 넣어 조리할 수 있게 하고요, 어떤 식당에선 손님이 미리 매운 정도를 선택할 수 있게도 해줍니다.

매운 주꾸미볶음을 먹을 때는 콩나물이나 천사채를 곁들여 먹기도 하고요, 새우를 넣어 같이 볶기도 합니다. 맥주를 제공하거나 시원한 주스 음료도 제공하는데요, 아이스크림 냉장고를 두고 손님들이 퍼먹게 해주는 곳들도 생겼죠.

그 다음 차이점으로는 주꾸미복음에 섞는 '사리'입니다. 스파게티 면사리, 새송이버섯, 떡사리, 고구마사리, 당면사리, 양배추사리 등 여러 재료가 있죠. 삼겹살은 쭈삼이라는 메뉴로 발전했기 때문에 '사리'에 포함하진 않았습니다. 나중에 밥을 볶을 때 넣는 날치알도 사리는 아니니까 사리에서는 빼기로 하고요.

언제부터 주꾸미 요리를 했을까요?

1814년 정약전이 지은 해양생물 백과사전인 〈자산어보(兹山魚譜)〉의 기록에 의하면 '크기가 4.5치(약 18cm) 정도이고 문어와 닮았으며 크기는 문어의 절반 정도'라고 되어 있고 '죽금어'라고 기록되어 있습니다. 〈난호 어목지〉와 〈전어지〉에서는 우리말로 죽근이라고 기록해두었다고 하니, 어찌 되었건 주꾸미는 쭈꾸미가 아닌 것만은 확실한 듯 합니다.

주꾸미 이름 유래를 이야기하다 보니 우리가 알고 있는 다른 명칭도 궁금해지는데요, 흔히 꼼장어, 갯장어라고 부르는 '곰장어'의 정식 이름은 '먹장어'입니다. 심해에 서식해서 눈이 퇴화되었기에 먹장어라고 부른다고 하죠.

그리고 **아귀찜** 좋아하시는 분들도 많으신데요, 마산에서는 아구찜인데요, 경상남도에 가면 **물꿩찜**이 되고요, 함경도에 가면 **망청어찜**이 되고, 인천에서는 **물텀벙찜**이 된다는 사실 아시나요? 각 지역마다 '아귀'를 의미하는 다른 이름들입니다.

아참, 서더리탕도 있습니다.

원 명칭은 '서덜'인데요, 생선살을 바른 나머지 부분으로 생선대가리, 뼈, 껍질 등을 가리키는 명칭입니다. 서덜탕이란 생선 회를 뺀 나머지 부위로 끓인 매운탕인 것이죠.

이런 메뉴 어때요?

주꾸미볶음에서 아이디어를 얻은 다양한 메뉴를 제안합니다.

야들야들한 식감, 볶음과 구이로 먹어도 맛있는 주꾸미는 매년 봄이면 제
철 음식으로 손꼽히는 영양식이라고 할 수 있습니다. 주꾸미볶음은 맵게 먹으
면 매운대로, 구이로 먹으면 담백하고 구수한 맛 그대로 쫄깃한 식감을 자랑
합니다. 이 단락에서는 주꾸미를 사용하는 아이디어 메뉴에 대해 알아봅니다.

① 주꾸미연탄(석쇠)구이

양념 주꾸미를 석쇠에 올려 연탄 위에서 구워냅니다.

매운 양념을 더한 주꾸미를 석쇠에 가지런히 줄을 맞춰 올려놓습니다. 주
꾸미의 몸통 부분과 다리 부분을 한쪽 방향으로 모아 몸통은 몸통대로 다리는
다리대로 같은 방향으로 놓습니다. 연탄불의 센 불을 피해 은은하고 약한 불
에서 익히도록 합니다. 너무 센 불에 급속도로 익히면 주꾸미의 겉면이 딱딱
하게 굳을 수 있어서 식감에 영향을 줍니다. 특히 주꾸미 다리 부분은 연탄불

위에서 스쳐 지나가듯 석쇠를 움직여가며 반복해서 짧게 짧게 구워서 골고루 익도록 합니다.

다 익은 주꾸미를 한 입 베어물면 바다향이 입 안에 퍼지며 쫄깃한 식감이 맛있습니다. 주꾸미를 구울 때는 양념 간을 하지 않고 구워도 별미이므로 양념 없이 구웠다가 익은 주꾸미를 양념에 찍어 먹는 방식도 추천합니다.

② 주꾸미크림스파게티

크림스파게티에 해산물 주꾸미를 곁들입니다.

해물스파게티, 까르보나라 등의 요리에 주꾸미를 사용합니다. 이때 주꾸미의 크기는 되도록 작은 것을 사용하고 통째로 사용합니다. 큰 주꾸미를 잘라서 사용하진 않습니다. 입 안에서 주꾸미를 씹을 때 톡톡 터지는 식감이 별미입니다.

③ 주꾸미보쌈

김치와 삶은 삼겹살에 데친 주꾸미를 곁들입니다.

보쌈을 준비합니다. 삼겹살을 잘 삶아서 고기를 준비하고 김치를 준비해둡니다. 주꾸미를 뜨거운 물에 넣고 데치듯 익혀 냅니다. 주꾸미를 너무 오래 삶으면 육즙이 빠져나가서 꼬들꼬들해지고 질겨집니다.

김치와 삼겹살, 그리고 주꾸미를 준비해서 한 그릇에 담아 만듭니다. 김치에 삼겹살 한 점, 주꾸미 한 개를 올리고 보쌈을 싸듯 말아서 먹습니다. 삼겹살의 부드러운 식감과 고기향, 주꾸미의 쫄깃한 식감과 바다향이 김치와 어우러지고 삼겹살과 주꾸미의 육즙이 섞이면서 입안에 풍미가 가득찹니다.

여러분의 아이디어 메뉴를 기록해 보세요.
한국을 대표하는 시그니처 음식으로 탄생할 수 있습니다!

메뉴명:

만드는 법:

쯔양의 맛&말   주꾸미볶음

주꾸미는 엄청 야들야들하고
양념은 알싸한 매운맛

장소ㅣ서울 동대문구 용두동『호남식당 나정순할매주꾸미』
www.youtube.com/watch?v=ly80EP6v01s

"

안녕하세요, 여러분, 제가 오늘은 지금 용두동에 왔어요.
용두동 하면은 주꾸미가 엄청 유명하잖아요? 여기..
쭈꾸미 골목인데 주꾸미 집이 엄청 많거든요. 오늘 진짜..
전국적으로 유명한 데 가볼 거예요. 진짜 유명한 곳인데..
예전부터 너무 궁금했는데 사람이 너무 많고 거의 매일매일
웨이팅이 있어가지고. 여태까지 못왔었거든요.
그래서 지금 브레이크타임 끝나자마자 왔습니다. 여기!

"

"와, 맛있겠다! 진짜 궁금해요."

"되게 약간 얼큰하고 알싸하게 매우면서 약간 처음에 단맛이 느껴지거든요."

"주꾸미도 엄청 야들야들해요. 오래 끓였는데."

"아주 적절하게 맵다."

정(情)을 담은 음식 이야기 10

도가니탕

한 입 먹었더니
어른이 되는 기분의
맛이에요

입안에 스르르 스며들더니 이내 아삭한 식감과 특유의 진득함을 맛보입니다. 육수가 조금 섞였다는 것을 알고 있었기에 망정이지 그 자체의 육즙이 퍼지는 것 같은 느낌이 듭니다. 입안 가득 채워지는 포만감, 씹을 때마다 고소한 맛이 새어나올 정도로 잘 익은 육질, 하얀 빛깔이 육수의 색과 조화되어 육수를 씹는 것인지 모를 맛이 코끝까지 기어 올라와서 머릿속을 맴돕니다. 아끼면서 입 안에서 굴리다가 한 입 삼키고나서 어느새 그 여운이 사라질세라 다시 수저를 들어봅니다.

도가니탕 이야기입니다.

조선시대 선농단(先農壇)에서는 예로부터 농사 짓는 법을 가르쳤다고 전해지는 신농씨(神農氏)와 후직씨(后稷氏)에게 제를 지냈다고 해요. 그곳에서 소를 뼈째 고아 먹던 것에서 유래되었다는 게 설렁탕인데요, 사람에 비유하자면 도가니탕은 설렁탕의 친척뻘이라고 부를 수 있겠습니다. 설렁탕 육수를 내고 건더기로도 사용되던 재료들 가운데 도가니가 있는데, 그 도가니만 따로 끓여낸 게 도가니탕이기 때문입니다.

그래서 도가니탕을 애기할 때는 설렁탕을 빼놓을 수 없는데요, 설렁탕의 유래 또한 선농단에서 끓여먹던 '선농탕'이라는 설 외에도 세종대왕이 농사에 사용된 소를 잡아 끓여먹던 데서 유래되었다는 설, 국물이 눈처럼 희고 맛이 진하니까 설농탕이라고 부르는 데서 유래되었다는 설, 몽고 사람들이 고기를 물에 끓여먹던 것을 '슈루'라고 부르는데 이 슈루 조리법이 발전해서 설렁탕이 되었다는 설 등이 있습니다.

완전한 하나의 도가니탕은 아니지만 도가니를 끓여 만든 음식을 옛 기록에서 찾아볼 수 있는데요, 정조가 어머니 혜경궁 홍씨의 기력이 쇠잔해지는 것을 염려해서 만든 음식에 대해 기록한 〈원행을묘정리의궤(園幸乙卯整理儀軌)〉에는 푹 고아서 만든 음식이란 의미의 '고음膏飮'에 사용된 재료로 소의 양, 묵은 닭(陳鷄), 전복과 함께 도가니(都干伊)가 사용되었다는 기록이 전해집니다.

영양 만점 콜라겐 덩어리 도가니

'도가니'는 소의 뒷다리 무릎 연골의 주위 부분을 가리키는 명칭입니다.

다른 의미로는 쇠를 녹이는 그릇을 의미하고 비유적으로는 흥분된 상태를 가리키는 의미로도 사용됩니다. 영양가 풍부한 **도가니탕**을 생각해 보자면 뜨거운 육수에 콜라겐이 풍부한 도가니를 맛보는 그 자체가 '열광의 도가니'라고 부를 수 있지 않겠나 싶습니다.

도가니탕을 제대로 맛보려면 이름에 대해 알아두는 게 중요할 것인데요, 소 한 마리에서 많아야 5인분 정도 양이 나오는 도가니이기에 그 양이 적고 가격이 비싸죠. 도가니뼈는 소의 뒷다리 무릎을 덮는 '종지뼈'와 종지뼈 주위에 있는 힘줄을 합쳐서 가리키는 이름입니다. 여기에 도가니살은 뒷다리 무릎뼈에서 넓적다리뼈까지 전체를 가리키는데요, **도가니탕**에 사용되는 도가니살은 도가니뼈 주위의 살을 사용합니다. 슈퍼마켓이나 마트 등에서 도가니를 구입하면 볼 수 있는 도가니뼈랑 그 주위 살입니다.

도가니탕을 파는 식당에서는 도가니 재료가 비싸고 양도 얼마 안 되는 까닭에 일반적으로 '스지(근육 근:筋)' 부위를 같이 넣어 끓여냅니다.

제가 집에서 **도가니탕**을 요리할 때는 도가니랑 스지를 함께 넣고 가스불에서 6시간 정도 푹 끓여냅니다. 이 스지는 소의 사태살에 붙어있는 힘줄 부위인데요, 오래 삶지 않으면 질기고 씹기 어려운데 오래 삶으면 그 살이 연해지고 부드러워져서 식감도 훌륭해집니다. 이 스지만으로 탕을 끓여주는 식당도 있습니다. 도가니탕에 넣어 끓여도 도가니랑 식감이 비슷하고 영양성분도 크게 다르지 않아서 같이 먹어도 좋습니다.

이렇게 귀하고 맛도 좋은 **도가니탕**에는 영양도 풍부한데요, 콜라겐 덩어리라고 부를 정도로 콜라겐(collagen, 교원질(膠原質) 혹은 아교질이라고도 불리는 단백질의 종류, 뼈나 피부, 연골 등을 구성하는 성분, 삶으면 젤라틴이 됨)이 풍부해서 피부에 도움 되라고 즐겨드시는 분들도 계시고요. 뼈에서 나오는 칼슘 성분도 풍부해서 관절이 안 좋은 분들도 도가니탕을 즐겨드십니다.

도가니탕과 또 다른 식감을 원한다면 도가니수육도 좋습니다. 쫄깃거리고 야들야들한 도가니 육질이 입안에서 색다른 풍미를 선사해주거든요. 쫀득거리고 물컹거리는 느낌이 강하지 않아서 적당히 씹기도 편하고 미끌거리지도 않아서 먹기에 편리합니다.

도가니뼈가 투명할수록 신선한 것

도가니를 고를 때는 도가니뼈가 투명할수록 신선한 상태임을 기억해주시고요. 지방질이 거의 없는 근육질 부위는 짙은 색이라는 것, 물렁뼈랑 연골이 공처럼 둥근 형태라는 것도 알아두면 좋습니다. 고깃결도 매끄럽기보다는 거친 편에 가깝습니다. 근육질 부위이고 단백질 함유량이 높아서 끓일 때는 육향이 진하게 어우러져 나옵니다.

도가니탕을 조리하는 방법은 가장 먼저 도가니를 물에 담가두어 핏물을 빼줍니다. 제가 사용하는 방법은 매 시간마다 자주 핏물을 빼주고 새로 물을 받아 담가두면서 여러 차례 반복합니다.

도가니를 끓는 물에서 데친 후 물을 버리고 도가니를 흐르는 물에 씻어주기도 하는데요, 제가 조리할 때는 핏물을 뺀 도가니를 흐르는 물에 한 번 세척하고 그릇에 넣은 뒤 도가니가 푹 잠기도록 물을 부어 중불로 6시간 정도 끓여줍니다.

도가니탕을 끓일 때는 일정 시간마다 그릇을 확인해보면서 물 위에 뜨는 기름을 걷어내주는 게 좋습니다. 처음엔 센 불로 끓여주고 그 다음부턴 중불로 오래 끓여주기도 하는데요, 제가 조리할 때는 처음부터 중불로 오래 끓이는 방법을 사용합니다.

도가니탕을 끓이다 보면 도가니뼈랑 도가니가 분리되고 육수가 진하게 변하는 상태를 확인할 수 있습니다. 이때 간간이 익은 정도를 확인하면서 푹 고아질 정도로 익었다 생각될 때까지 끓여주면 좋습니다.

도가니탕이 완전히 익고 잘 끓여지면 수육은 초간장을 곁들여 드시거나 소금 후추에 찍어드시면 좋고, 도가니탕 그 자체에 파를 썰어넣고 소면 국수를 말아 드시는 것도 추천합니다.

이런 메뉴 어때요?

도가니탕에서 아이디어를 얻은 다양한 메뉴를 제안합니다.

도가니탕은 정성입니다. 오래 삶아야 해서 익히는 동안 계속 지켜보아야 합니다. 불순물을 걸러주고 자주 불 조절을 해주어야 하는 음식이어서 그만큼 정성이 들어갑니다. 다른 말로 표현하자면 먹는 사람을 위한 '정성을 담는 음식'이라고 할 것입니다.

물 조절, 불 조절을 하고 물 위에 뜨는 찌꺼기들을 건져내야만 뽀얗고 깨끗한 본연의 맛을 내는 **도가니탕**이 완성되기 때문입니다. 이 단락에서는 도가니를 사용하는 아이디어 메뉴에 대해 알아봅니다.

① 도가니무침

도가니를 삶은 상태로 양념 부추와 곁들여 무칩니다. 그리고 훈증기에 올려 식탁에 냅니다. 도가니를 그릇에 올려 내면 시간이 흐를수록 식어가며 그 맛이 덜합니다. 식은 도가니보다 뜨거운 도가니가 맛있는 건 당연하니까요.

훈증기에 얹은 도가니를 식탁에 내면 먹는 내내 따뜻한 도가니를 맛볼 수 있습니다. 물론, 훈증기는 식탁 위에 올려두고 사용할 수 있을 정도로 적당한 크기여야 합니다. 훈증기 대신 휴대용 가스렌지나 가열판을 사용해도 무방합니다. 훈증기에 올려둔 도가니는 계속 촉촉한 상태를 유지합니다.

또한 도가니를 그릇 가장자리에 얹고 그릇 가운데에는 도가니 육수를 계속 끓여내는 그릇도 있는데요, 이 그릇은 도가니를 먹을 때 도가니가 식으면 따뜻한 육수를 부어주며 먹는 방식입니다. 도가니는 시간이 지나면서 겉면이 끈적해지는 식감이 드는데요, 이때 육수를 부어 흐르게 해서 겉면을 촉촉하게 해줍니다.

도가니와 부추를 곁들여 먹으면 쫄깃하고 야들야들한 식감이 섞이면서 별미가 됩니다. 이때 초간장에 찍어 먹어도 좋습니다. 새콤한 맛이 풍미를 더합니다.

② 도가니조림

무와 **도가니수육**을 넣고 간장 양념으로 조려냅니다.

도가니를 처음 삶으면서 어느 정도 익었다 싶으면 다른 그릇에 옮겨 무를 넣고 간장 양념을 해서 다시 조립니다. 간장물이 끓고 점점 줄어들면서 무랑 도가니에 양념이 배이는데요, 물이 바닥에 자작해질 무렵이 되면 다진 마늘이랑 채 썬 파를 넣어 5분 정도 계속 끓여줍니다. 그리고 그릇에 내어 놓고 도가니를 먹으면서 채 썬 파를 곁들입니다.

적절히 양념된 파와 마늘이 도가니와 곁들여져서 도가니 특유의 찐득하고 물컹거리는 맛과 함께 새콤매콤하고 짭쪼롬한 맛이 섞이면서 별미가 됩니다. 도가니를 다 먹은 후에 무를 꺼내 먹습니다. 간장 양념이 밴 무는 밥반찬으로도 제격입니다.

③ 도가니볶음

도가니를 양념장과 함께 철판 위에서 볶습니다.

우선 도가니를 물에 넣고 끓여서 삶아 익힙니다. 그리고 건져내서 식힙니다. 고추장, 마늘, 대파, 양파, 깨, 참기름 등을 섞어 양념장을 만듭니다. 양념장이 완성되면 식힌 도가니에 붓고 철판 위에서 다시 볶습니다. 이때 처음엔 센 불로 도가니를 익혔다가 약한 불로 바꿔서 천천히 저어 골고루 섞어주면서 불 조절을 합니다.

도가니볶음은 식은 도가니를 맛있게 먹는 방법입니다. 도가니는 처음에 삶은 상태로 바로 먹을 때는 따뜻하고 쫄깃한 식감도 맛있지만 시간이 흐르면서 식으면 겉면이 찐득거리고 호불호가 나뉘는데요, 이때 식은 도가니에 양념장을 섞어 철판에 볶아주면 또 하나의 맛있는 음식이 됩니다.

여러분의 아이디어 메뉴를 기록해 보세요.
한국을 대표하는 시그니처 음식으로 탄생할 수 있습니다!

메뉴명:

만드는 법:

쯔양의 맛&말 　도가니탕

쫀득쫀득
입안에 쫙쫙 달라붙는 맛

장소| 서울 동대문구 신설동 『옥천옥 설렁탕』
www.youtube.com/watch?v=-8wi-fVqTwk

"
안녕하세요, 여러분, 제가 오늘은 지금 신설동에 왔는데
오늘 제가 진짜 좋아하는 음식 먹으러 왔거든요.
거의 탑5 안에 들 정도로 좋아하는 음식인데 바로 도가니예요.
여기가 무려 81년이나 됐대요.
뭔가 벌써 오래된 느낌이 가득한데?
"

"이거 소스도 엄청 맛있다. 달짝지근하니."

"와, 딱 봐도 엄청 쫀득쫀득해 보인다."

"이거는 진짜 쫀득쫀득하면서 입안에 쫙쫙 달라붙어요 진짜."

"와, 도가니 이렇게 원없이 먹어보는거 처음이에요."

정(情)을 담은 음식 이야기 11

떡볶이

야들야들하고 쫀득쫀득해서
잘 통하는
맛이에요

즉석떡볶이는 겹겹이 쌓이면서 시작합니다.

그릇 바닥엔 떡들이 들어갑니다. 하얗고 매끈한 물고기처럼 한눈에 보기에도 물속을 빠르게 헤엄치고 다닐 정도로 부드러운 질감의 떡들이 한 뼘 정도 길이로 송송 재단되어 바닥을 가립니다. 그 위에는 채 썬 양배추가 놓이고 다시 그 위에 당면과 깻잎 그리고 고추장 양념을 얹습니다. 마치 이 모습은 시냇물 속에서 헤엄치는 송사리들이 바위틈 구석으로 숨어들어 수면 위에서 찰랑거리는 먹잇감을 낚아채듯 안정적이고 조화로운 형태를 갖습니다.

밀떡은 금새 빨갛게 보호색을 입습니다.

밀떡은 다 보고 있습니다. 정방형 또는 직사각형 철판이 놓이면 그 안에 물을 붓고 양념을 풀어 끓입니다. 그리고 양념이 잘 풀어지고 물이 제법 끓기 시작하면 밀떡이 내려갑니다. 다이빙 선수가 멋지게 뛰어올라 포즈를 잡고 낙하하는 것에 비할 바는 아닙니다만, 밀떡은 그 나름대로 자신의 몸을 빨갛게 된 따뜻한 물 속으로 던집니다.

물보라가 생기진 않습니다만 밀떡이 들어간 그 자리엔 어느새 빨갛게 옷을 갈아입은 밀떡들이 모습을 드러냅니다. 그 주위로 양배추와 어묵과 군만두가 끼어들어 공간이 좁아지지만 이내 커다란 주걱이 모든 것을 갈라두고 밀떡을 밀고 당기기 시작합니다.

그곳에서 밀떡은 얼마나 오래 있을지 아무도 모르지만 대부분 얼마 지나지 않아 다시 올라갑니다. 그리고 작은 플라스틱 판에 놓여 작고 얇은 나뭇가지를 옆구리 차고 짧은 탄생을 마무리합니다.

간식을 넘어 요리가 된 떡볶이

즉석떡볶이가 형태를 갖추고 밀떡이 옷을 갈아 입는 이곳은 신당동 **떡볶이** 골목입니다.

신당동 골목에 들어서면 도로변에 늘어선 떡볶이 식당들을 발견하게 됩니다. **즉석떡볶이**를 주 메뉴로 하는 신개념 떡볶이 식당들인데요, 식당 안에 DJ 부스까지 설치해두고 손님 몰리는 주말이나 휴일엔 어김없이 DJ가 출동, 떡볶이를 먹는 손님들로부터 신청곡을 받아서 틀어주곤 합니다.

여기까진 뭐 떡볶이 식당의 마케팅이니 그럴 수 있다고 생각됩니다.

시선을 끄는 건 그 다음입니다.

손님들 가운데 DJ 팬클럽이 생깁니다. 단순한 마케팅 차원이 아닌 것이죠.

DJ가 떡볶이 식당에서 스타가 됩니다. 이쯤 되면 떡볶이 식당의 DJ가 아니라 DJ가 출연하는 떡볶이 식당이라고 부를 만합니다. DJ의 인기에 따라 손님들이 늘어납니다. 각 떡볶이 식당들마다 인기 DJ를 영입하려고 경쟁까지 벌입니다.

물론, 떡볶이 식당에서 제일 중요한 건 떡볶이의 맛이겠죠?

그중에서도 고추장 맛이 중요합니다. 고추장의 숙성도와 양념에 따라 그 맛이 달라지거든요. 특별한 고추장으로 볶은 떡볶이, 그와 곁들일 수 있는 갖가지 메뉴들, 그리고 떡볶이를 더욱 맛있게 해주는 인기 DJ가 틀어주는 인기 곡이 흐르는 곳, 신당동 즉석떡볶이 식당의 시작입니다.

떡볶이는 이제 단순한 간식을 넘어 요리 수준으로 레벨이 상승되었다고 해도 과언이 아닙니다. 고추장떡볶이가 일색이던 시절에서 간장떡볶이가 출현했고 이제는 크림떡볶이, 로제떡볶이가 인기를 얻는 사이 맵기로 승부하는 매운떡볶이까지 종류도 다양하게 변화하고 있습니다.

홍익대학교 근처 주차장 공간에서 트럭을 한 대 놓고 팔기 시작했던 일명 조폭떡볶이는 인근 지역 가게를 얻어 규모를 확장한 지 오래입니다. 이제는 웬만한 레스토랑이나 먹자골목 식당들에서도 ㅇㅇ떡볶이, ㅁㅁ떡볶이처럼 다양한 떡볶이 메뉴를 선보이고 있습니다. 신당동 즉석떡볶이가 중심지 상권으로 확산되며 지역 특산물을 넣은 떡볶이가 되기도 하고 매운 맛으로 입안이 얼얼한 승부를 펼치기도 합니다.

이러한 떡볶이의 유래는 1924년 출간된 〈조선무쌍신식요리제법〉이나 조선 말기 〈시의전서〉라는 조리책에서 궁중음식의 한 종류라는 기록을 찾아볼 수 있다고 전해집니다. 〈시의전서〉 기록에 의하면 흰 가래떡과 참기름, 간장, 파,

버섯 등을 함께 볶은 요리로서 '고급진 요리'로 소개하고 있다고 합니다.

떡볶이의 유래가 이러하다는 기록이 전해진다는 것일 뿐 공식적으로 인증받은 것은 아닙니다만 언뜻 생각해봐도 궁중떡볶이와 고추장떡볶이는 그 맛이 다를 것 같긴 합니다.

떡을 사용한 찜요리였다고 해야 할까요?

떡볶이라는 명칭에서 '볶이'라는 단어가 기름에 볶는 것으로 상상되는데 실제로는 그릇에 물을 넣고 끓이면서 고추장 양념을 풀어 익히는 것이므로 '떡볶이'의 유래는 '볶이'보다는 '찜'에서 찾는 게 더 연관성이 높을 것 같긴 합니다. 생각해 보면, 즉석떡볶이 대신 즉석떡찜이라고 하고 떡볶이 대신 떡찜이라고 부르는 것이죠. 다시 생각해봐도 떡볶이에는 물에 떡과 재료, 양념을 넣고 찌거나 끓이는 과정만 있을 뿐이고 '볶음' 과정이 없긴 합니다.

그럼에도 불구하고! 고추장떡볶이의 유래를 찾아보면, 1953년 신당동에서 떡볶이 식당을 운영하던 마복림 할머니가 처음 시작했다고 여겨집니다.

그때의 일화가 전해지는데요, 마복림 할머니가 손님 대접 차 들른 중국 음식 식당(중국집)에서 떡을 먹으려다가 춘장에 떨어뜨렸다고 합니다. 그 순간 춘장이 묻은 떡맛이 나쁘지 않다는 걸 알게 되셨다죠. 마복림 할머니는 춘장 대신 고추장을 이용한 떡볶이를 탄생시키게 되었답니다.

그렇게 탄생한 즉석떡볶이는 신당동 떡볶이 골목의 부흥을 이끌었는데요, 1970~1980년대에 이르면서 큰 인기를 끈 신당동의 떡볶이는 전국 곳곳의 떡볶이 식당들마다 신당동떡볶이라는 메뉴가 등장할 정도로 유명해졌습니다. 떡볶이의 고유명사가 되어버린 것이죠.

밀떡인가, 쌀떡인가?

밀가루가 처음 전해지던 시기에 밀가루는 비싼 고급 재료였습니다. 궁중 음식에만 사용되었을 정도였죠. 기원전 1만 년 무렵에 메소포타미아 일대에서 처음 재배된 것으로 전해지는 '밀'은 대륙을 거쳐 한반도로 유입되었다고 전해집니다.

고려시대 상황에 대해 다룬 〈고려도경〉이라는 문헌에는 '밀가루 값이 비싸서 국수는 결혼식 때에나 먹을 수 있는 음식'이라는 기록이 있다고 하니, 밀가루 떡은 서민들이 접하기 어려운 고급 음식이었던 것으로 보입니다.

그래서 떡볶이의 시작은 궁중에서 먹던 **떡볶이**라고 이야기하는데요, **궁중떡볶이**는 흰 가래떡을 손가락 굵기로 5cm 정도 길이로 자르고, 호박, 숙주, 표고버섯, 양파, 당근, 미나리 등을 양념된 소고기와 함께 볶은 후 잣이랑 달걀채를 얹어 만듭니다.

기원전부터 전해오는 밀이 한반도로 들어와서 **궁중떡볶이**가 되고 나중에 1970~1980년대에 이르러 서울 신당동에서 **즉석떡볶이**로 큰 인기를 얻게 되었다는 역사(?)를 보며, **떡볶이** 외에도 우리들이 먹는 음식 하나하나가 무궁한 역사를 지닌 것이라는 사실을 새삼 느끼게 됩니다. 음식은 곧 우리 삶의 역사와 문화가 담긴 것이라는 생각에 음식을 대하는 마음가짐이 새로워지는 기분입니다.

이런 메뉴 어때요?

떡볶이에서 아이디어를 얻은 다양한 메뉴를 제안합니다.

떡볶이는 한국의 어른, 아이, 할 것 없이 모두 좋아하는 국민간식입니다. 그 종류도 다양해서 예전에는 고추장 양념이나 간장 양념이 전부였다면, 이제는 짜장소스, 스파게티소스 등을 사용해서 다양하게 만듭니다.

신선한 채소와 떡을 그릇에 넣고 고추장 양념에 육수를 부어 끓여서 먹는 **즉석떡볶이**는 떡볶이를 각자 취향대로 만들어 먹는다는 즐거움도 선사합니다. 또한, 떡볶이 떡으로 국수를 만들다가 이름 붙인 게 **국물떡볶이**라고 할 것입니다. **국물떡볶이**의 국물이 국수 육수처럼 맛있는 이유입니다.

온 국민의 사랑을 받는 **떡볶이**에 대해 다양한 아이디어 메뉴를 알아봅니다.

① 갈떡꼬치

갈비 양념을 떡볶이 떡에 바르고 꼬치에 뀁니다.

떡볶이 떡을 한 뼘 길이의 꼬치에 끼우고 갈비 양념을 잘 바릅니다. 그 상태로 연탄불이나 가스불에 구워냅니다. 각자 취향에 따라 케첩이나 허니머스터드소스, 마요네즈를 발라서 먹으면 별미입니다.

② 떡맛탕

고구마맛탕처럼 떡볶이 떡을 기름에 튀기고 겉면에 꿀시럽을 바릅니다.

우선, 떡볶이 떡을 기름에 살짝 튀겨 냅니다. 그리고 겉에 꿀시럽을 발라서 떡볶이 떡들에 무쳐줍니다. 이때 땅콩가루를 겉에 발라주면 더 맛있습니다.

③ 떡밥

김 위에 같은 크기로 얇게 편 떡을 놓고 그 위에 가느다랗고 길게 썬 우엉, 노란무, 게맛살 등을 얹습니다. 한 번에 돌돌 말아서 원기둥 형태를 만듭니다. 김의 크기에 따라 손가락으로 직접 집어서 초간장이나 키위소스에 찍어 먹습니다. 한 입 크기로 적당하게 잘라서 젓가락으로 집어 소스에 찍어 먹도록 합니다. 떡의 찰기와 속재료들의 아삭한 식감이 조화롭게 어우러져서 식감도 좋습니다.

떡밥에 사용되는 떡은 2mm정도로 얇게 만들어서 김의 크기로 맞추되 떡의 겉에 찰기가 없도록 덧가루를 살짝 묻혀주도록 합니다. 이렇게 하면 입 안에서 김, 떡, 속재료들의 식감이 골고루 느껴집니다.

④ 찍떡

떡볶이 떡에 튀김옷을 얇게 입혀서 식물성 기름에 튀깁니다. 그릇에 담아 양념소스와 함께 식탁에 냅니다. 떡볶이 떡을 먹을 때 양념에 찍어 먹습니다. 떡볶이 떡을 그릇에 올릴 때는 첨성대 모양으로 떡을 쌓거나, 탑 모양으로 쌓거나, 혹은 바다에 뜬 배 형태로 만들어서 올리는 게 포인트입니다. 튀김옷을 입혀 튀겨낸 떡볶이 떡을 소스에 찍어 먹을 때는 떡볶이 떡을 쌓은 형태가 최대한 유지되도록 게임하듯이 잘 빼는 게 재미 포인트입니다.

⑤ 볼떡

떡볶이 떡을 2~3cm 정도 크기로 자릅니다. 잘라낸 떡볶이 떡에 전분을 입히고 다시 그 위에 성냥개비 굵기로 작게 조각낸 치즈 조각들을 묻힙니다. 그리고 다시 튀김옷을 입힌 후에 기름에 튀겨냅니다.

겉면이 울퉁불퉁한 떡볶이 떡 덩어리들이 생깁니다. 그릇에 수북히 쌓아 식탁에 내는데요, 곁들이는 소스로는 맑고 투명한 해물소스, 콩가루, 마요네즈 등을 골고루 함께 내서 찍어 먹도록 합니다. 특히 생크림을 내어 찍어 먹으면 스노우볼떡 또는 눈싸움떡이라고 부릅니다.

취향에 따라 치즈 조각 대신 청양고추 조각들을 입히면 **매운볼떡**이 되고, 과자조각을 입히면 **쿠키볼떡**이 됩니다. 샌드위치 조각을 입히면 **빵떡**이 되며 구운 마늘 조각을 입히면 **갈릭볼떡**이 됩니다. 여성들에겐 립스틱에 지장 없이 한입에 쏙 넣어 먹을 수 있는 별미가 됩니다.

여러분의 아이디어 메뉴를 기록해 보세요.
한국을 대표하는 시그니처 음식으로 탄생할 수 있습니다!

메뉴명:

만드는 법:

쯔양의 맛&말   떡볶이

역시 떡볶이는
떡이 쫀득쫀득해야

장소| 서울 강북구 수유중앙시장『시장 떡볶이』서울 서초구 반포동『애플하우스』
www.youtube.com/watch?v=mA1U63BS-AQ   www.youtube.com/watch?v=wnaaDzQZo1o

"
여기에 무려 48년이나 된 떡볶이 집이 있대요.
쫀득쫀득한 시장 쌀떡볶이 있잖아요?
그게 땡겨가지고 지금 떡볶이 먹으러 왔거든요.
무조건 떡은 쌀떡..
"

"달짝지근하면서 고추장 맛이 강하고 옛날 떡볶이 맛?"

"떡이 진짜 맛있다! 떡이!"

"역시 떡볶이는 소스보다 떡이 중요해요."

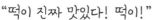

안녕하세요, 여러분, 제가 지금 반포에 나와 있거든요.

그.. 떡볶이 좋아하시는 분들이라면 다 아실만한 즉석떡볶이 집이 있대요.

즉석떡볶이도 유명한데 무침만두도 진짜 유명하거든요.

일단 가보겠습니다. 어, 저기 있다! 짠!

(필자 주: '애플하우스'의 새로운 주소는 '쯔양이 찾아간 골목식당들'에서 확인해주세요)

"사리왕은 라면사리가 아닐까? 진짜 맛있다."

"어렸을 때 먹던 전형적인 그 즉떡 맛이에요."

"음. 밀떡이 엄청 쫀득쫀득하다."

정(情)을 담은 음식 이야기 12

곱창구이

먹을 때마다
어깨가 춤추는
맛이에요

패션상가들이 밀집한 동대문에 가면 꼭 들르는 골목이 있습니다. 낮 장사를 마친 동대문 상인들이 퇴근 후 거쳐간다는 인근 황학동시장 골목인데요, 이곳에는 낮 장사를 마친 가게들이 문 닫는 7시경이 되면 골목 초입부터 언덕 골목사거리에 이르기까지 포장마차들이 하나둘 자리잡기 시작합니다.

소 **곱창구이**를 파는 포장마차들입니다.

도로변에 포장마차들이 길게 줄을 서고 어스름 해가 떨어지는 시간이 되면 도로는 금세 사람들로 북적입니다. 포장마차에서 나오는 **곱창구이** 냄새가 길가던 행인들의 발길을 붙잡기도 하고요, 인근 공장이나 회사에 근무하는 사람들은 기다렸다가 포장마차가 문을 열면 와서 포장을 해가기도 합니다.

이곳에서 파는 **곱창구이**는 대부분 소 막창구이 부위나 새끼보 같은 부위를 가스불 위에서 초벌구이를 하고, 손님들이 앉는 식탁 위에 휴대용 가스렌지를 두고 재벌구이를 해서 먹게 됩니다. 주 메뉴는 소 곱창 양념구이와 소금구이인데요, 각 포장마차들마다 고추장 양념의 감칠맛이 달라서 저마다 단골들을 꽤 보유하고 있습니다. 손님들은 자기 입맛에 맞는 포장마차를 찾아가는 것이죠.

제가 가던 식당은 이곳 포장마차 골목을 지나서 언덕 사거리 좌측에 자리 잡은 곱창 식당입니다. 주방용품을 주로 판매하는 황학동시장 골목에서 유일하게 있는 곱창 식당인데요, 테이블은 작은 크기로 2개, 그러나 역사는 오랜 곳이죠. 사장님은 30년 이상 이 골목에서 장사를 해오시고 언젠가부터는 **곱창구이** 장사하려는 사람들에겐 **곱창구이** 소스 노하우를 알려주시고 계신답니다.

곱창구이 깨끗할까요?

곱창구이란 소나 돼지의 작은 창자를 구운 요리를 의미합니다.

소의 창자에서 작은창자를 곱창, 큰창자를 대창이라고 부르고요, 돼지의 창자는 작은창자와 큰창자, 막창 순서로 되어 있습니다. 소나 돼지의 곱창이란 작은창자를 의미하는 것이죠.

곱창구이 기호도에 따라 소 곱창인지, 돼지 곱창인지 호불호가 나뉘기도 합니다. 소와 돼지 곱창의 차이점이라면 소 곱창은 돼지 곱창에 비해 기름기가 많고 곱창 안의 곱을 그대로 요리해주는데요, 돼지 곱창은 깨끗하게 제거하고 조리를 합니다. 돼지 곱창은 그 막이 얇고 가늘어서 외국에서는 소시지를 만드는데 사용하고 우리나라에서는 순대를 만드는데 사용하죠.

한번은 미국에서 온 외국인 손님이랑 곱창 식당에 들렀는데요, 곱창을 바라보던 그 손님이 "이거 혹시 곱창인가요?"라며 놀라는 모습을 보이더군요.

그러다가 제가 먼저 먹는 모습을 보여주고 한국에서 판매하는 소 곱창 요리인데 걱정하지 않아도 된다고 했더니 안심하고 먹었던 기억이 납니다.

아무래도 미국 같은 외국에서는 곱창을 먹지 않는 게 대부분이니까요. 그 이유는 외국에서 소를 키우는 농가에서는 소에게 먹이는 사료에 대해 우려가 많은 탓에 곱창 같은 내장 부위는 먹지 않는 게 일반적이라고 들었던 기억이 납니다. 그러나 국내에서 만드는 **곱창구이** 재료는 깨끗이 세척하고 위생적으로 만들므로 안심해도 됩니다.

곱창구이의 핵심은 곱창의 잡내를 제거하고 육질을 부드럽게 하는 것이라고 하겠죠.

그래서 그 조리과정에는 우선적으로 곱창 상태를 확인하는 게 필수적입니다. 선도가 떨어지거나 상태가 안 좋은 곱창은 받지 않는 것이죠. 대부분의 경우, 돼지를 도축하면 곧바로 순대 공장으로 옮겨지는 이유입니다.

그렇게 1차 선별된 곱창은 찬물에 담가두어 핏물을 빼주고 이물질을 제거하는 과정을 거칩니다. 소금으로 곱창을 문지르듯 닦은 후에 다시 밀가루 등을 사용해서 곱창을 주무르듯 닦아주고요. 곱창을 수돗물 호스랑 연결해서 곱창 안에 있는 이물질이 쓸려 나가도록 하는 것도 중요합니다. 이때 호스나 쇠관 앞부분에는 솔을 달아둬서 곱창을 끼고 뺄 때 곱창 내부의 이물질을 걸러주도록 합니다.

곱창의 잡내 제거에는 마늘이나 생강을 사용하고요. 곱창에 붙어 있는 두꺼운 지방층을 제거해주는 것도 중요하죠.

다만, 곱창의 이물질을 제거하는 과정에서는 곱창 안에 있는 '곱'까지 새어나가지 않도록 곱창의 양쪽 끝부분을 잘 묶어주는 것도 필요합니다. 단, 당일 도축한 소의 곱창이거나 신선한 곱창은 곱창을 묶어두실 필요까지는 없습니다.

'곱'이란 소의 작은창자 내에 소의 소화액 등의 분비물이 굳어져서 생긴 것인데요, 곱창 애호가들에겐 곱의 맛이야말로 **곱창구이**를 먹는 이유라고 할 정도로 핵심적인 것입니다.

이 곱을 맛보려고 일부러 맛있는 **곱창구이** 식당을 수소문해서 찾아가는 사람들도 있는데요, 곱의 맛을 유지하는 비결은 첫째로 센 불에 **곱창구이**를 하는 것이죠. 불이 약하게 되면 곱창이 익는 속도가 느리고 그 과정에서 곱이 빠져나가거든요. 센 불에 구워야 곱창 표면의 단백질 성분들이 빨리 굳으면서 곱이랑 육즙이 빠져나가는 걸 막아주게 됩니다.

곱창의 기름은 단백질 보충제로, 대창의 기름은 제거

이러한 곱창 요리에 관한 기록으로, 1809년 〈규합총서(閨閤叢書)〉에 의하면 **소곱창찜**에 대한 설명이 나오는데요, '소 곱창 안에는 다져 양념한 소고기, 닭고기, 꿩고기를 넣고 곱창 양쪽 끝을 묶은 후 그릇 안에 넣고 밑에는 물을 넣고 끓여 그 수증기로 쪄 먹었다'고 나옵니다.

만드는 과정을 보면 소 곱창으로 만든 **순대**라고 할 수 있는데요, 예로부터 고기 요리는 주로 구이보다는 찜요리로 먹는 게 일반적이었으니까요. 그 당시에도 구이 요리, 볶음 요리, 찜 요리 등 여러 요리법이 있었다고 보는 게 합리적이라고 생각됩니다.

소 곱창(작은창자)에서 나오는 기름은 사람 체온보다 굳는 온도가 낮아서 소화가 잘 되는 편으로 단백질을 보충하는데 좋다고 여겨지고요, 그대신 대창으로 조리할 때는 기름을 충분히 제거하는 것을 추천드립니다. 대창의 기름은 지방질이라서 건강에 유익하다고 말씀을 드리기 어렵거든요.

또한 곱창을 조리할 때 질기지 않게 쫄깃한 식감을 원하신다면 곱창 껍질을 벗겨야하는데요, 곱창의 끝에 지방질 부분을 문질러보면 고기랑 지방이 분리되면서 얇은 막이 분리되므로 그 막을 당겨주면서 벗길 수 있습니다.

곱창 요리를 할 때 곱창을 씻다가 곱이 다 흘러나가면 어떻게 하냐고 걱정하는 분들도 계시는데요, 곱창을 너무 길지 않게 적당한 길이로 잘라서 적당한 물세기로 호스를 연결해서 물을 흘려보내면 곱창 안에 있는 이물질이 쓸려나갑니다. 그렇게 이물질을 다 빼고 곱창의 물기가 사라지기까지 두었다가 냉동실에 1시간 정도 넣어주세요. 싱싱한 곱창들은 이때 곱창 안에 곱이 더 생겨납니다.

또한 곱창을 부드럽게 할 때는 파인애플을 갈아서 과즙에 약간의 소주를 섞은 후 곱창을 재워 20시간 정도 냉장고에 넣어둡니다. 연육 과정이라고 하는데, 곱창이 부드러워집니다. 나중에 구이를 할 때는 과즙을 털어낸 후 소금으로 밑간을 해서 구우면 됩니다. 곱창을 준비해두고 나중에 드실 때는 손질한 곱창을 끓는 물에 30분 정도 삶아 식힌 후 냉장 보관하시기를 추천합니다.

이런 메뉴 어때요?

곱창구이에서 아이디어를 얻은 다양한 메뉴를 제안합니다.

지글지글, 자글자글, 철판 위에서 곱창 익어가는 소리가 군침을 돌게 합니다. 입맛을 돌게 하는 소리와 함께 곱창 굽는 냄새는 멀리서도 찾아오게 만들 만큼 진하고 감미롭습니다. 곱창구이가 인기를 얻는 이유가 다 있습니다. 곱창구이에서 아이디어를 얻은 메뉴를 알아봅니다.

① 곱창찜

곱창을 찜통에 넣고 증기에 쪄서 양념 간으로 맛을 맞춥니다.

곱창을 찌는 방식은 쉽게 찾아보기 어렵습니다. 찜요리에 적당하지 않다고 생각하는 분들이 계셔서 그럴 수 있는데요, 곱창을 소금과 밀가루로 잘 세척해서 잡내를 제거한 다음 찜통에 넣고 쪄줍니다. 그리고 잘 쪄진 곱창을 양념으로 간을 맞춰서 그릇에 올려 식탁에 냅니다.

곱창을 쪄서 먹을 때의 특유한 식감이 있습니다. 양념간이 적당히 스며들면서 맛 또한 별미입니다. 사실 곱창을 좋아하지만 다소 질긴 식감 때문에 망

설이는 분들도 계시는데요, 찐 곱창 요리는 부드러우면서도 곱창 특유의 맛이 남아 있어서 제맛을 즐길 수 있습니다.

② 곱창김치말이

묵은지김치를 물로 한 번 씻은 후, 잘 구워낸 곱창을 김치로 말아서 만듭니다. 묵은지김치는 1년 이상, 3년 정도 숙성된 것을 사용합니다. 배추가 흐물흐물하게 된 것도 흐르는 물에 씻으면 어느 정도 생기를 찾아서 다시 힘이 들어가는데요, 그렇더라도 너무 흐물해진 것은 빼고 묵은지를 씻으면서 김치 양념을 잘 씻어 빼냅니다.

묵은지가 준비되면 곱창을 양념 없이 잘 구워냅니다. 그리고 곱창을 묵은지에 싸서 먹습니다. 묵은지에 깊게 밴 맛이 곱창의 육질과 섞이면서 입안에서 깊은 풍미를 선사합니다.

많은 분들이 묵은지를 김치찌개에만 사용하시는데요, 절대 그렇게 하지 마시고 묵은지를 흐르는 물에 잘 씻어서 김치 양념을 빼낸 후에 곱창을 싸서 드셔보세요. 묵은지의 깊은 맛과 곱창구이의 식감이 조화롭게 어울립니다. 곱창김치말이를 드시다가 밥을 드실 때도 묵은지로 밥을 싸서 쌈처럼 드셔도 그 맛이 좋습니다.

③ 곱창조림

삶아낸 곱창에 무, 대파를 함께 조림간장으로 조립니다.

무를 조림간장으로 먼저 졸이다가 조림물이 자작하게 줄어들 즈음 채 썬 대파를 넣습니다. 곱창은 제일 나중에 넣어서 익을 정도로만 조려내는 게 중요합니다. 곱창을 오래 조리면 곱이 다 빠져서 맛이 사라질 수 있습니다. 곱창이 잘 조려졌다면 싱싱한 파와 함께 드시면 알싸한 맛에 쫄깃한 곱창의 식감이 별미입니다.

조림간장은 간장, 마늘, 소금, 설탕 등으로 끓으면서 조려지도록 다소 묽게 만듭니다.

곱창을 조릴 때는 뜨거운 물을 끓여서 곱창을 삶는 것보다는 조림간장을 넣은 그릇에 곱창을 넣고 함께 끓여보시기를 추천합니다. 조림간장이 조려지면서 곱창에 그 맛이 스며들고 곱창맛이 한층 더 깊게 느껴집니다. **곱창조림**은 밥반찬으로도 제격입니다.

④ 곱창면

육수를 끓이다가 곱창을 넣고 조금 더 끓이다가 면을 넣고 조금 더 끓입니다.

우선, 곱창면으로 사용할 넓적당면을 준비합니다. 육수는 일반적인 소뼈 또는 돼지뼈 사골육수를 사용합니다. 먼저 육수를 끓이다가 곱창을 넣고 더 끓이다가 곱창이 익으면 곱창만 건져 보관합니다.

넓적당면도 끓는 물에 익혀서 건져낸 후 찬물로 헹궈 보관해둡니다. 뜨거운 물에서 꺼내자마자 찬물로 씻어줘서 쫄깃쫄깃함을 유지시켜주는 게 중요합니다.

곱창을 넣었던 육수가 끓으면 적당한 양의 면을 넣은 그릇에 곱창을 얹은 후 육수를 부어서 먹습니다. 정리하자면, 그릇에는 넓적당면, 곱창, 육수 순서대로 넣어줍니다. 그리고 기호에 따라 채 썬 대파, 소금, 후추 등을 섞어 먹으면 별미가 됩니다.

여러분의 아이디어 메뉴를 기록해 보세요.
한국을 대표하는 시그니처 음식으로 탄생할 수 있습니다!

메뉴명:

만드는 법:

쯔양의 맛&말　　곱창구이

곱창은 느끼하지 않고 엄청 고소하고
곱은 촉촉해요

장소| 서울 은평구 신사동 『신사한우곱창』
www.youtube.com/watch?v=nOoAc-IZ8i4

"
어.. 여기 지금 소 곱창 먹으러 왔는데..
제가 소 곱창 못 먹은 지 오래 됐거든요.
그래서 오늘 곱 충전하러 왔습니다.
Yeah~~ 여기가 약간..
숨은 동네맛집이라고 해서 왔는데..
짠! 여기!
"

"원래 이렇게 고소한가?"

"곱이 한 번에 탁 터져서 입 안에 난리났어요."

"곱창이랑 김치랑 잘 어울려요."

"잘 먹었습니다!"

정(情)을 담은 음식 이야기 13

과메기

바닷바람을
한 모금 마시는
맛이에요

　포항에 있는 지인이 겨울철마다 보내오는 지역 별미가 있습니다. 꽁치를 겨울 바닷바람에 얼렸다 녹이고 다시 말리기를 반복하여 만드는 과메기가 그것인데요. 생미역과 마늘과 실고추, 채 썬 파를 곁들여서 초고추장에 찍어 먹습니다. 김으로 싸먹기도 하죠.

　과메기를 먹을 때는 잔치가 벌어집니다. 과메기를 처음 먹어본 사람은 비릿한 내음에 한두 조각 먹어 보고는 고개를 흔드는 경우도 있습니다. 비린내 나는 꽁치를 생으로 먹는다는 선입견이 있어서 그럴 수도 있지만요. 과메기의 참맛이 바로 그 비릿한 바다 맛이라는 걸 아는 사람들에게는 별미 중의 별미인거죠.

과메기 애호가들은 과메기철이 되면 꼭 과메기 맛을 봐야 한 해를 잘 지낸 것 같다는 이야기를 하기도 합니다.

제가 과메기를 처음 대면했을 때가 기억납니다. 길고 커다란 상차림의 정 중앙에 놓인 꽁치는 꾸덕꾸덕하게 말라있었죠, 대가리랑 내장 손질까지 잘 된 상태로 하얀 접시 위에 가지런히 열 맞춰 놓여 있었고 정갈하게 재단된 크기 로 한입에 넣기 좋은 크기였습니다. 언뜻 보기엔 꽁치의 반을 잘라 손바닥 위 에 올려질 정도의 크기라고 할까요?

과메기 옆에는 정방형으로 자른 김이 놓여 있고, 비슷한 크기의 생미역도 보였어요. 그 옆으로는 생마늘을 얇게 잘라서 담아두었고, 초고추장을 덜어 그릇에 담아두었으며 그 옆 좌우에는 실고추와 대파를 채 썰어서 놓아두었더 군요.

과메기 먹는 방법은 김을 먼저 손바닥 위에 올려두고 김 위에 생미역을 올 립니다. 그 다음에 과메기를 얹고 마늘 조각과 채 썬 파 조금, 실고추를 얹은 후 김을 둘둘 잘 말아서 입에 넣습니다.

바닷바람이 휘몰아치던 과메기의 첫 맛

그 순간 바닷바람이 입 안에 휘몰아치더군요.

겨울 바다의 파도 소리와 바닷바람을 머금은 과메기의 향이 김의 양쪽 끝 으로 새어나오기 시작한 걸 알 수 있었죠. 입 안에서는 씹는 순간 김이 투드 득하고 터지면서 마늘과 대파, 실고추에서 알싸한 매운 맛이 차오르고, 과메기 의 비릿한 맛이 초고추장과 어우러지면서 신선한 바다향을 느낄 때쯤 생미역 이 입 천장과 양볼 안쪽에 닿으면서 바닷속 해산물을 한 무더기 입 안에 넣은 것 같은 착각을 불러일으켰습니다.

싱싱하고 날렵한 꽁치가 바닷속에서 생미역 사이를 헤엄치다가 물 위로 솟구쳐 날아오르는 순간을 낚아채 입 안에 머금었을 때의 맛이라고 할까요? 미리 준비된 양념에 꽁치가 텀벙 뛰어든 맛이라고도 할 수 있겠습니다. 과메기 한 입이면 우리 땅 겨울바다의 정취까지 잔상을 남겨주듯 생생하게 전해오니 해마다 겨울이면 과메기 잔치가 열리게 된 것이죠.

과메기 원 재료가 청어에서 꽁치로 바뀐 이유

과메기란 명칭의 유래는 관목(貫目)에서 목(目:눈)을 가리키는 포항 구룡포 지역 사투리에 '메기'를 붙여 '관메기'라고 부르던 것을 세월이 흐르면서 과메기가 되었다고 전해집니다.

과메기에 사용된 생선은 처음에는 한반도 주변 해역에서 많이 잡히던 청어였다고 합니다. 그러나 해류가 바뀌면서 청어가 사라지자 대신 꽁치가 사용되기 시작했습니다.

해마다 12월이 되면 꽁치의 눈을 꿰어 바닷바람에 걸어두고 얼렸다가 녹이면서 그대로 자연냉동, 자연해동을 반복하며 건조시키는데요, 꽁치에 수분이 40~50% 정도가 되었을 때 거둬들여서 먹게 됩니다.

처음에 청어로 과메기를 만들 때는 청어를 잡은 그대로 눈만 꿰어 바닷바람에 걸어두었다고 하는데요, 겨울철이라고는 하지만 그래도 날씨에 따라 생선이 상하는 일도 비일비재하게 생겨서 이후부터는 내장을 빼내고 뼈도 제거한 후에 과메기로 만들기 시작했다(배지기 방식)고 전해집니다.

이를 두고 바다에서 어부 생활을 오래 해온 지인 분은 말하기를 두께가 10cm가 안 되는 생선은 통째로 씹어먹던 습관이 있는데 본연의 과메기 맛을 보려면 내장째 과메기 해서 바닷바람에 건조시킨 것(통마리 방식)을 먹어봐야 한다고도 하더군요. 비릿함이 강력한(?) 상태의 본연의 맛이 주는 식감이 있다고 하시네요.

그러나 그건 뱃일을 오래 해오신 분들도 쉽진 않다고 해서요. 과메기의 본연의 맛은 상상 속에서만 느껴보기로 하고 그대신 뼈와 내장을 제거해서 제철에 건조시켜 만든 과메기만 즐기고 있습니다.

참고로, 1926년경 동해안 영일만에서는 매년 2,000만 마리가 넘는 청어가 잡혔다고 하는데요, 1924년 3월 23일자 동아일보 '영일만의 청어'라는 기사에 의하면 1924년에 5,000만 마리의 청어가 잡혔다고도 전합니다. 그러나 당시 일제강점기에는 청어가 풍어를 이뤘어도 일본 수출물량이 다수여서 일본인들에게만 부의 혜택이 돌아가는 형편이었다고 하죠.

그리고는 1960년대에 이르러 해류가 바뀌면서 청어가 사라지고 꽁치를 어획하면서 과메기 재료로 사용하게 된 것입니다.

이런 메뉴 어때요?

과메기에서 아이디어를 얻은 다양한 메뉴를 제안합니다.

바닷가에서 겨울철 바닷바람을 그대로 쐬어 만드는 생선 음식. 자연 상태 그대로 바닷바람에 말리고 건조시켜서 꾸덕꾸덕하게 만들어 완성시키는 과메기는 바닷사람뿐 아니라 도시 사람들에게도 어느덧 겨울철 풍미가 된 지 오래입니다. 마치 바닷바람을 한 모금 가슴 깊이 마시는 것 같다는 소감을 들을 때면 과메기가 견뎌낸 겨울철 바닷바람이 도시에서 부는 것 같은 느낌을 받기도 합니다. 과메기에 대해 아이디어 메뉴를 알아봅니다.

① 과메기연탄구이

과메기를 연탄불에 굽습니다. 초고추장을 곁들입니다.

과메기를 석쇠에 넣고 연탄불에 살짝 구워냅니다. 연탄 중앙의 센 불을 피하고 가장자리 약한 불로 구워도 좋습니다. 과메기의 겉이 살짝 익을 정도로 구우면 과메기 향이 안에 갇히고 입에 넣었을 때 불맛과 함께 과메기의 식감이 그대로 전해집니다. 연탄불에 살짝 데치듯 구워낸 과메기는 초고추장과 곁들여서 먹으면 불맛과 함께 섞인 매콤한 맛이 별미입니다.

② 과메기삼합

과메기, 절인 배춧잎, 생미역으로 곁들입니다.

과메기삼합에는 김치를 사용하는 대신 소금에 절인 배추를 곁들입니다. 생미역으로 과메기를 싸고 소금에 절인 배추로 겉을 둘러 입에 넣으면 싱싱하면서도 신선한 맛이 입 안을 감싸고 돕니다. 다만, 배춧잎은 소금에 절였다가 흐르는 물로 씻어낸 상태의 것을 사용합니다.

기호에 따라 초고추장이나 쌈장을 곁들이면 그 또한 별미가 됩니다.

③ 과메기양념숯불구이

과메기를 통째로 석쇠에 넣어 숯불에 구워냅니다.

과메기를 내장만 발라내고 통째로 석쇠에 넣고 숯불에 굽습니다. 이때 과메기에 양념을 발라주면서 굽는 게 포인트인데요, 간장이나 고추장이 아닌, 육수를 스프레이 형태로 과메기 위에 뿌리듯 발라주는 양념 육수여야 합니다. 양념 육수는 물, 식초, 맛술, 청주를 적당량 섞어 만들어 사용하는데요, 과메기를 숯불에 구우면서 양념 육수를 때때로 뿌려줍니다. 양념 육수가 너무 진하거나 맵거나 짜면 안 되고 자연 그대로 묽다시피한 육수여야 합니다.

과메기가 숯불에 익으면서 숯의 불맛이 스며드는데 이때 불맛과 함께 양념 육수가 과메기에 들어가면서 촉촉하면서도 알싸한 별미가 생겨납니다.

④ 과메기무침

과메기를 가늘고 잘게 찢어서 그릇에 넣고 실고추, 미역줄기, 콩나물, 진미채, 김부스러기, 채 썬 대파, 고춧가루, 고추장, 마늘 등을 넣어 잘 섞어줍니다. 밥반찬으로도 좋고 술안주로도 좋습니다. 과메기의 진하고 무거운 맛이 어려운 분들을 위한 메뉴로서 국수처럼 과메기를 조금씩 즐길 수 있습니다.

쯔양의 맛&말　　과메기

비린내 없이 촉촉하고
쫀득쫀득한 맛

장소| 경상북도 포항시 남구『해궁회타운』
www.youtube.com/watch?v=G5VVUL5tjlY

제가 오늘은 포항 구룡포에 왔거든요. 구룡포 하면은 과메기가
진짜 유명한데 또 과메기가 겨울철이잖아요? 그래가지고
오늘 과메기 맛있게 먹고 갈 거예요.
아, 또.. 구룡포에 직접 와서 과메기를 먹은 적은 한 번도 없는데
어떤 맛일지 되게 궁금하거든요. (맛있겠지?)

"

"내 맘대로 쌓고 먹자."

"되게 촉촉하다."

"겨울철 별미거든요.
김에다 싸먹으니까 더 맛있네!"

"비린내도 전혀 없다. 쫀득쫀득 맛있어!"

정(情)을 담은 음식 이야기 14

어묵탕

쌀쌀한 날씨에 온 몸이 따뜻해지는 맛이에요

날씨가 쌀쌀한 어느 날 오후.

차가운 바람에 옷깃을 여민 사람들이 거리를 오고 갑니다. 손 가까이 입을 대고 따뜻한 입김을 손에 호호 불기도 하고 주머니에 손을 꽂은 채 종종 걸음으로 걸어갑니다.

학교에서 수업을 마친 학생들이 학교 정문 밖으로 우르르 쏟아져 나옵니다. 집으로 가거나 학원으로 가거나 친구들과 어울려 걸어가는 학생들입니다.

마침 학교 앞 분식 식당도 문을 열었습니다. 식당 아주머니는 하얀 떡볶이 떡을 철판 위에 넣습니다. 고추장 양념이 풀어진 물에선 뜨가운 김이 모락모락 피어나고 보글보글 소리를 내며 **떡볶이**가 익어갑니다.

학교에서 나온 학생들이 분식집 앞에 옹기종기 모여 **떡볶이**랑 그 옆의 **어묵**을 쳐다봅니다. 입맛을 다시며 얼른 주머니에서 돈을 꺼내 건넵니다. **떡볶이**랑 **어묵**이 접시에 담겨져 학생들에게 전해집니다.

어묵탕에 담긴 한국인의 정(情)

"어묵 먹으려면 돈 먼저 내고 먹어요?"
학생이 식당 아주머니에게 물어보자 아주머니가 대답합니다.
"맘껏 먹고 나중에 꼬챙이 개수만 세줘."
아주머니는 가게 안에 있고 학생은 가게 밖에 있습니다. 학생이 나쁜 마음먹으면 **어묵** 실컷 먹고 돈 안 내고 가버릴 수도 있습니다만 분식집 아주머니는 개의치 않습니다. 학생이 먹고 싶다는데 실컷 먹으라고 할 뿐입니다.

학생은 **어묵** 꼬치 한 개를 집고 먹기 시작합니다.
작은 입을 오물거리며 **어묵**을 먹는데 아주머니는 컵에 **어묵탕** 국물을 담아 학생에게 건넵니다. 목 메이지 않게 국물 마셔가며 천천히 먹으라고 합니다. **어묵**은 먹고 싶은대로 먼저 먹어도 되고 **어묵탕** 국물은 얼마든지 무료입니다. 학생은 **어묵**을 먹다가 **어묵탕** 국물을 건네는 아주머니에게 컵을 받아들고 꾸뻑 인사합니다.

한국의 골목식당에서 흔히 볼 수 있는 풍경입니다. 초등학교나 중학교 고등학교 앞 풍경만은 아닙니다. 대학가 근처 식당들도 마찬가지입니다. 어디에서건 골목식당에서 만나는 한국의 어른들은 이런 말도 자주 합니다.

"학생이 무슨 돈이 있어? 괜찮아. 배부르게 많이 먹어. 모자라면 더 달라고 해. 밥은 셀프니까 양껏 더 갖다 먹어."

어묵탕에는 한국인의 정(情)이 더 담겨있습니다. 흔히 '오뎅'이라고 부르는 어묵은 꼬치 한 개에 얼마 식으로 팝니다. 어묵을 꼬치에 끼워 준비된 육수에 넣고 오래 끓여서 야들야들해지면 딱 먹기 좋은 상태가 됩니다. 바쁜 직장인에겐 한 끼 식사 대용이 될 수도 있고 성장기 아이들에겐 훌륭한 간식이 됩니다.

떡볶이가 있는데 옆에 어묵이 없으면 어쩐지 뭔가 부족한 거 같다고 느낍니다. 특히 쌀쌀한 날씨가 되는 시기엔 어묵탕 생각이 더욱 간절해집니다. 떡볶이에 어묵을 넣어 고추장 양념을 묻혀 먹으면 매콤하면서 개운한 맛이 입 안에 가득 퍼집니다. 떡볶이는 매운 맛에 즐기고 어묵은 얼얼해진 입 안을 진정시켜주는 효과가 있습니다. 어묵을 먹고 나중에 어묵탕 국물을 마시면 제대로 어묵탕을 먹었다는 느낌이 듭니다.

먼저 '묵'이라는 것은 메밀이나 도토리 등의 곡식을 되게 쑤어(곡식 가루를 물에 끓여 익히다) 굳힌 음식을 의미하는데요, 대표적으로 메밀묵, 도토리묵 등이 있습니다. 다만, '깻묵'에서 '묵'은 찌끼를 의미하는 거라서 다른 의미이고요.

지금은 듣기 어렵습니다만 예전 1980년대에는 쌀쌀한 초겨울이 되면 늦은 밤 출출한 허기를 달래주려 주택가 골목마다 찹쌀떡과 메밀묵을 파는 장사꾼이 다니곤 했습니다. '찹쌀떡~ 메밀묵!'이라는 간결하지만 음의 고저를 맞춘 외침에 집집마다 메밀묵이나 찹쌀떡을 사먹곤 했던 기억이 납니다.

'어묵'이란 생선살을 다져 되게 만든 후 굳혀서 물에 끓여 익힌 음식이라고 부를 수 있는데요, 현존하는 기록에 의하면 일본에서는 무로마치 시대(室町 時代: 무로마치 막부가 일본을 통치하던 1336년부터 1573년까지)에 '생선살을 갈아서 모양을 빚어 익힌 음식: 가마보코'가 처음 등장한 것으로 전해지고요, 한국에는 〈소문사설 (聞事說)〉에서 '소고기, 버섯 등으로 만든 소와 저민 생선살을 겹겹이 겹쳐 돌돌 말아서 녹말가루를 입혀 끓는 물에 익혀 만든 음식: 가마보곶'에 대한 기록을 찾아볼 수 있습니다.

〈소문사설〉이란 '들은 것은 적지만 그래도 아는대로 말한다'는 의미로 1720년경에 편찬된 책입니다. 조선 숙종 · 경종 때 이시필이 임금에게 올린 음식과 중국, 일본에서 맛보거나 전해 들은 음식의 조리법이 적혀 있습니다.

'가마보곶'이란 가마보곶(可麻甫串)이라고 표기하는데요, 일본의 어묵 '가마보코(蒲 , かまぼこ)'와 발음이 같도록 한자 표기한 것으로 보일 뿐이고요, 가마보곶과 가마보코는 재료나 조리법에서 다른 음식으로 봐야 할 것 같습니다.

가령, 가마보코는 생선살을 갈아서 모양을 빚어 익힌 음식인데 비해 가마보곶은 소고기, 돼지고기, 버섯, 해삼 등으로 만든 소와 저민 생선살을 겹겹이 겹친 뒤 돌돌 말아서 녹말가루를 입혀 끓는 물에 익혀 만드는 음식이기 때문입니다.

한국의 골목식당에서는 어묵을 만들면서 채소를 넣는 등, 여러 가지 재료를 섞기 때문에 엄밀히 구분하자면 일본의 가마보코와는 다른 것이죠. 현대에서도 우리 음식을 외국의 음식으로 설명하면서 외국의 음식 명칭을 그대로 번역해서 붙이는 경우를 생각해보면 당시에도 같은 이유에서 명칭을 붙인 것이었다고 생각됩니다.

따라서 **어묵탕**의 기원을 정확하게 설명하는 것은 어렵습니다. 사실, 제조법에 따라 사용하는 명칭도 제각각이라서요. 막대기에 붙여 구우면 '치쿠와'라고 하고 기름에 튀기면 '덴푸라'라고 부르기도 하기 때문입니다.

게다가 **어묵**과 같은 형태의 음식의 기원을 찾아보면 역사를 더 거슬러 올라갑니다. 대륙에서는 진나라 때 진시황(기원전 247~210년)이 생선가시를 제거한 생선살로 '생선완자 요리'를 먹었다는 기록이 있고, 한국에서는 조선 숙종(1674~1720년) 때 〈진연의궤(進宴儀軌)〉에서 '생선완자탕'의 조리법을 찾아볼 수 있으며, 일본에서도 고훈시대(3~7세기)에 두부와 생선살을 꼬챙이에 붙여 구워 먹었다(네리모노)는 기록이 있다고 전해집니다.

그렇다면 부산어묵의 시작은 언제였을까요?

기록에 의하면, 1915년 〈부평시장 월보〉에서 부평시장 내 주요 점포 중 가마보코 점포가 3곳으로 기록되어 있습니다. 부산 중구 '부평시장'에서 처음 시작된 것으로 보이는데요. 한국인이 만든 최초의 어묵공장은 1950년대 전후로 부산 영도 봉래시장 입구에 들어선 동광식품과 삼진식품으로 전해집니다. 6.25 전쟁 이후에 어묵산업이 호황하면서 부산에서 어묵 관련 기업들이 공동 브랜드 '부산오뎅'을 탄생시켰다고 전해집니다.

이런 메뉴 어때요?

어묵탕에서 아이디어를 얻은 다양한 메뉴를 제안합니다.

어묵탕은 쌀쌀한 날씨가 이어지는 날이면 더욱 생각나는 음식입니다. 어묵은 어묵대로, 거리 포장마차에서도 바쁘게 오가며 즐기는 소중한 요깃거리가 되기도 하는데요, 추운 날씨에 주머니에 넣은 손을 뺄 수 있는 이유는 따끈한 어묵탕 국물 덕분이라고 할 것입니다.

너무 뜨거우면 호호 불어서 식혀가며 먹던 그 맛은 바쁜 하루 일상에서도 한껏 늦추고 싶은 시간이 되곤 하였습니다. 어묵 꼬치 한 개에 어묵탕 국물 한 컵이면 잔뜩 웅크리고 있던 몸이 한순간에 풀어지며 입가엔 미소가 생기기도 했습니다. 어묵탕이 만들어주는 소중한 여유라고 할 것입니다.

어묵탕에 대해 아이디어 메뉴를 알아봅니다.

① 훈제어묵

어묵을 숯불에 훈제합니다. 어묵을 꼬치에 끼워 석쇠에 올립니다. 석쇠를 숯불 위에 올리고 앞뒤로 번갈아 뒤집으며 어묵을 구워냅니다. 어묵은 생선살로 만드는데 그 맛은 국물로 탕을 만들 때 생선육수가 일품이기도 하지만 숯불에 구울 때는 어묵 속 생선살이 숯불에 익으면서 고소하면서도 담백한 맛을 느낄 수 있습니다.

특히 숯불 훈연된 어묵은 불맛이 스머들면서 입안에서 퍼지는 그 풍미가 새롭습니다. 어묵 생선살의 식감과 불맛이 섞이는 사이, 어묵탕 국물 한 컵을 마시면 비로소 바쁜 하루 일과가 하나둘 새록새록 기억나게 됩니다. 훈제어묵은 바쁜 일상에서 느끼는 자연으로의 짧은 여행 느낌을 갖게 하는 맛이라고 할 것입니다.

② 어묵마요비빔국수

마요네즈와 채소를 넣고 어묵과 섞어냅니다. 이때 어묵은 미리 물로 삶아 둡니다.

어묵샐러드에 사용하는 어묵은 너무 두꺼우면 안 되고요, 얇게, 채썰 듯 가느다란 어묵 형태가 더 좋습니다. 샐러리, 바나나, 사과, 감, 당근 등의 채소와 과일을 넣고 채 썬 삶은 어묵을 넣습니다.

마요네즈를 넣어 섞어주면 부들부들한 식감과 싱싱한 채소들의 식감이 어우러지면서 잘 익은 국수를 먹는 느낌이 들기도 합니다. 채 썬 어묵은 한 뼘 이상의 길이가 되어야 하고요, 어묵비빔국수의 느낌이 날 정도의 길이면 충분합니다. 어묵마요비빔국수라고도 부를 수 있겠습니다.

③ 어묵밥

　어묵을 잘게 다져 양념간을 해서 냅니다. 밥을 짓는 것은 아니고 밥 형태로 그릇에 냅니다. 쌀밥을 지으면서 다진 어묵을 넣는 것은 아닙니다. 어묵밥은 어묵을 잘게 다지듯 썰어서 프라이팬으로 먼저 볶아주고 다시 그릇에 넣고 양념간을 맞춰 잘 섞어줍니다.

　밥반찬으로 할 때는 날달걀을 어묵밥 위에 떨어뜨려 비벼서 먹을 수 있고요, 술안주로 할 때는 멸치육수에 어묵밥을 말아서 먹으면 풍미가 새롭습니다.

　어묵밥에 채소를 잘게 썰어서 섞어주고, 밀가루와 물을 섞어 묽게 반죽한 후에 프라이팬에 부침개 형태로 구워 먹어도 그 맛이 좋습니다.

　어묵밥에 전분을 섞고 잘 뭉쳐서 덩어리로 만든 후에 프라이팬에 볶아주거나 기름에 튀겨서 먹어도 좋습니다. 어묵밥은 어묵밥 그대로도 밥반찬이나 술안주로 좋고, 밀가루를 넣어서 볶아주거나 튀기면 색다른 별미가 됩니다.

여러분의 아이디어 메뉴를 기록해 보세요.
한국을 대표하는 시그니처 음식으로 탄생할 수 있습니다!

메뉴명:

만드는 법:

쯔양의 맛&말　어묵탕

어묵 식감이
뽀독뽀독 맛있어

장소| 서울 강동구 명일동 『부산진오뎅』
www.youtube.com/watch?v=uoVQb2OXhzM

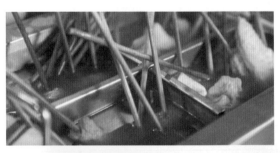

"
어.. 춥다. 춥다. 안녕하세요, 여러분.
제가 오늘은 너무 추워가지고 지금 밖에서
오프닝을 못 찍겠어가지고
가게로 바로 들어왔는데
오늘 어묵! 와! 어묵 맛있겠다.
요즘 날씨가 너무 추워가지고 어묵이 계속
땡겨가지고 오늘 어묵 먹으러 왔어요.
"

"어묵이 진짜 매일매일 생각나요."

"한겨울에 어묵은 진리."   "이 어묵국물도 다 내 꺼."

"어묵 식감이 뽀독뽀독 맛있다."

"잘 먹었습니다!"

정(情)을 담은 음식 이야기 15

어복쟁반

둘러앉은 사람들이
친구가 되는
행복한 맛이에요

한국인은 밥상을 사이에 두고 둘러앉아 식사하는 문화가 있습니다.

서양에서는 식탁에 앉아 식사를 한다면 한국에서는 방바닥에 밥상을 놓고 둘러앉아 식사하는 문화가 이어져 왔습니다. 서양에서는 식탁에 앉아 식사하고 식사를 마치면 일어섭니다. 반면 한국은 방으로 밥상을 들고 들어왔다가 식사 후에는 밥상을 들고 나가는 문화인게 다른 점이죠.

그래서 한국에는 밥상머리 교육이라는 말이 있습니다.

식사를 하면서 서로의 이야기를 나누고 소식을 전하기도 합니다. 부모들은 자식들과 함께 밥상에 둘러앉아 식사예절 교육을 하고 여러 가지 인생 교육도 합니다. 이를 가리켜 밥상머리 교육이라고 부릅니다.

한국인의 식사는 예절이 있습니다.

현대 한국인들은 서구화된 식습관이 일반화되면서 기존의 식사예절은 잊혀져가는 추세입니다만 이 책이 외국인들에게 한국의 음식문화를 전달해준다는 차원에서 한국인의 식사예절(단, 방송 프로그램 등에서 시청자들에게 음식의 맛과 식감을 전달해주기 위해 연출된 식사 모습은 예외로 합니다)을 설명하자면 대략적으로 다음과 같습니다.

식사를 할 때 씹는 소리를 내지 않고 음식을 조용히 먹기, 식사하기 전에 음식을 준비해준 사람에게 감사 인사하기, 음식 칭찬하기, 음식의 맛은 그 음식을 준비한 사람의 정성을 배려해서 '맛있습니다' 또는 '음식이 제 입맛에 맞습니다'라고 말해주기, 체질상 못 먹는 음식은 안 먹어도 되고 그 음식을 권하는 사람이 있다면 그 사람에게 본인의 사정을 정중하게 설명해주기, 수저와 젓가락은 밥그릇 옆에 가지런히 놓되 수저의 머리 부분과 젓가락의 끝 부분이 밥상에 닿지 않고 받침을 두어 얹어두기, 밥그릇은 본인을 기준으로 왼쪽에 놓고 국그릇은 오른쪽에 놓기, 식사를 시작할 때는 먼저 물 한 모금을 마셔서 입안을 헹구기, 입안에 음식물을 머금은 채 말하지 않기, 입을 그릇에 대고 먹지 않기, 수저와 젓가락을 사용하되 젓가락은 반찬을 집어서 수저 위 또는 밥그릇에 올려두는데 사용하고 수저로 밥이나 음식을 떠서 입 안에 넣기, 밥상에서 멀리 있는 반찬은 근처 사람에게 다른 그릇에 덜어달라고 하기, 밥그릇을 이리저리 옮기지 않기, 그릇을 손에 들고 먹지 않기, 식사를 마친 후에는 빈 밥그릇을 말리지 않고 물을 조금 부어 바닥을 적셔두기, 찌개나 국은 국자로 떠서 자신의 그릇에 덜어 먹기, 식사를 할 때 대화는 음식물을 다 삼킨 후에 말하기, 음식물이 입안에 있는데 말해야 할 때는 손으로 입을 가리고 말하기, 밥상에서 제일 나이 많은 어른이 먼저 수저를 들고 음식을 뜬 후에 나이 순서에 따라 다음 연장자 순서대로 음식을 집기, 물을 마시거나 음식을 나눌 때는 제일 나이 많은 연장자부터 나이 순서대로 덜어주기, 식사 자리에서는 서로 대화를 나누되 주위 다른 사람들에게 시끄럽게 들리거나 민폐를 끼치지 않기, 식사를 마친 후에는 물을 마셔서 입안을 헹구기, 입안을 헹굴 때도 소리 나지 않게 조용히 헹구기, 식사를 마친 후에 차를 마시고 과일을 먹으며 담소 나누기 등입니다.

그래서 한국어에서 '우리'라는 단어는 식사를 같이 하는 밥상머리에 모여 앉은 사람들을 가리키는 의미로도 사용될 수 있습니다. '식구'라는 단어도 유사한 의미로 사용될 것입니다.

한국인의 정서가 담긴 대표적인 음식 어복쟁반

위처럼 식사를 강조하고 예절을 중요하게 여기며 무엇보다도 식사를 함께 하는 '우리'를 중시하는 한국인의 정서가 담긴 음식을 꼽으라면 어복쟁반을 빼놓을 수 없습니다.

평양냉면과 함께 평양 지역을 대표하는 음식인 어복쟁반은 평양시장 상인들이 추운 날 불 앞에 모여 먹던 음식입니다. 다리굽이 달린 놋쟁반 위에 소고기 편육과 각종 채소를 넣고 육수를 부어 끓여먹었습니다. 물건을 팔 때 서로 경쟁하던 시장 상인들이지만 어복쟁반을 사이에 두고 모여 앉을 때는 밥상머리 식구가 되기도 하였는데요, 이때 서로 육수를 나눠먹기도 하고 소고기랑 채소를 익혀 덜어 먹으며 하나의 그릇에서 음식을 나누는 '우리'로서의 정서를 지켜오기도 하였습니다. 한가족으로서 '우리'는 아니지만 시장 상인으로서의 '우리'가 되는 것이었습니다.

대부분의 음식처럼 어복쟁반이란 명칭의 유래도 명확하게 밝혀진 것은 없습니다.

소의 배 모양을 닮은 쟁반이란 의미에서 '우복(牛腹:소 배)'이란 단어를 사용해서 우복쟁반으로 부르다가 어복쟁반이 되었다고 보는 견해가 대표적입니다. 놋쟁반에 다리굽이 달린 모양이 소의 배에 젖이 달린 모양과 닮아서 붙여진 명칭으로 생각됩니다.

어복쟁반의 재료는 소고기 편육으로 소의 가슴살, 우설, 양지머리 등의 부위를 익혀서 올리고 달걀채, 미나리, 대파, 버섯, 잣, 배 등을 얹습니다. 놋쟁반 중앙에는 초간장을 놓고 놋쟁반에 육수를 붓고 끓여 만듭니다.

먹는 방법은 뜨거운 육수를 계속 부어가며 소고기 편육이랑 채소를 건져 초간장에 찍어먹습니다. 쟁반을 기울여 육수를 따라먹기도 하고, 소고기랑 채소를 거의 다 먹었을 때는 국수사리를 넣고 비벼먹기도 하는데요, 요즘엔 육수를 넣고 계속 끓여가며 먹습니다.

어복쟁반은 놋쟁반을 사이에 두고 각자 그릇을 준비해서 덜어먹는게 아니라 큰 그릇에 덜어 다같이 먹는 게 특징입니다. 이때 놋쟁반은 지름 50cm 정도의 크기입니다.

이런 메뉴 어때요?

어복쟁반에서 아이디어를 얻은 다양한 메뉴를 제안합니다.

상거래가 이뤄지는 치열한 삶의 현장, 그 안에서도 식사를 같이 나누며 친목을 다지던 상인들이 만들어낸 어복쟁반에는 공과 사를 구분하는 정서가 담겼다고 할 수 있습니다. 흔히 "먹고 살자고 하는 일"이라는 이야기가 오고가는 시장에서 '일'을 빼면 '먹고 살아가는 사람들'만 남아서일까요? 일을 쉬는 짧은 시간, 먹고 살려고 모인 사람들이 만든 어복쟁반은 미래를 기다리는 희망의 음식이기도 할 것입니다. 어복쟁반에 대해 아이디어 메뉴를 알아봅니다.

① 곱창쟁반

소 곱창을 익혀서 놋쟁반에 두르고 육수와 채소를 곁들여 초간장을 찍어 먹습니다.

곱창은 '구이' 형태로 먹어도 맛있지만 조금 다른 형태로, **곱창쟁반**을 해도 좋습니다. 곱창을 삶아서 익힌 후 놋쟁반 가장자리에 채소랑 번갈아 두릅니다. 놋쟁반 가운데에 육수를 부어둔 후 고기랑 채소에 뜨거운 육수를 부어가며 나눠먹는 음식이 곱창쟁반입니다. **곱창쟁반**은 둥그런 놋쟁반 가장자리에 있는 곱창을 집어 채소랑 곁들여 초간장에 찍어 먹는데요, 곱창이 식어가면 놋쟁반 가운데에 뜨거운 육수를 부어주며 촉촉해진 곱창을 먹습니다.

곱창이랑 채소는 그대로 초간장에 찍어 먹어도 맛있지만 생 배춧잎이나 삶은 양배추 잎, 간장에 절인 깻잎, 생김이나 상추에 쌈을 싸서 먹어도 별미입니다. 곱창의 쫄깃한 식감과 채소의 아삭한 식감이 입 안을 자극하며 육수의 진한 풍미가 별미가 됩니다.

② 어묵쟁반

놋쟁반에 어묵을 넣고 채소와 곁들여 초간장을 찍어 먹습니다.

어복쟁반이란 소(牛)의 배 모양을 닮은 쟁반이라서 그렇게 부른다는 설도 있습니다만 명확하게 그 유래가 확인된 바가 없다는 점이고, **어복쟁반**에 음식을 놓는 형태를 보노라면 민물고기를 그릇 가장자리에 빙 둘러서 놓고 자작하게 끓여 익혀 먹는 **도리뱅뱅**이라고 부르는 음식이 떠오르기도 합니다.

그래서 **어묵쟁반**이라고 한다면, 어묵을 쟁반 가장자리에 빙 둘러 놓고 쟁반을 불 위에 올려 쟁반 가운데에서 멸치육수를 끓이면서 어묵을 따뜻하게 데워가며 초간장에 찍어먹을 수 있습니다.

어묵쟁반에는 두껍게 썬 무, 큼지막하게 잘라낸 다시마, 동강 낸 당근처럼 육수에 좋은 식재료를 어묵과 나란히 번갈아 올려두고 천천히 익혀가며 먹는 음식이라고 할 것입니다. **어묵쟁반**에 사용하는 **어묵**은 두꺼운 **어묵**을 납작썰기, 어슷썰기 한 형태로 사용하여 쟁반 가운데에 육수에 넣어 익히면서 집어 먹는 음식입니다.

③ 놋쟁반칼국수

놋쟁반에 육수를 넣고 칼국수를 끓여 채소와 곁들여 먹습니다.

놋쟁반칼국수는 놋쟁반 가운데에 육수를 넣고 끓으면 **칼국수**를 넣어 익힙니다. 칼국수가 익으면 **칼국수**만 건져서 놋쟁반 가장자리에 올려두고 놋쟁반 가운데에 육수에는 다시 칼국수 면을 넣고 익히는 과정을 반복합니다. 놋쟁반 가장자리에 있는 칼국수 면을 집어서 양념소스나 장국에 담갔다가 먹습니다.

육수가 줄어들면 다시 육수를 넣어줍니다. **칼국수**를 여러 번 익히면서 육수가 걸쭉해지면 육수를 그릇에 덜어내고 새 육수를 넣어줍니다. 덜어낸 육수는 그릇에 옮겨 익어서 쟁반에 올려두었던 칼국수 면을 넣어 먹기도 합니다.

쪼양의 맛&말　　　어복쟁반

진한 국물에
부드러운 육즙이 터지는 맛

장소| 충청남도 천안 서북구 『그니식당』
www.youtube.com/watch?v=jEM5_8SsSVE

안녕하세요, 여러분. 오늘은 제가 잠깐 천안에 내려왔거든요.
근데 여기 근처에 제가 2년 전에 갔던 집이 마침 있더라고요.
그때 되게 음식이 엄청 특이했었는데. 어복쟁반이라고 해서 맛있게
먹었던 기억이 있어가지고 이 근처에 왔습니다. 와~ 오랜만이다.
맞아. 이런 길이었지. 2년 전 일이었는데 이게 기억이 나네요? 짠! 여기!

"

"와, 엄청 진해요!"

"되게 부드러워요. 약간 안심 먹는 것처럼"

"고기 육즙이 이렇게 팍 터져요."

"아주 진하게 우린 국물인데 소금을 덜 쳐갖고 슴슴하게 계속 들어가는 맛?"

정(情)을 담은 음식 이야기 16

돼지순대

좋아하는 사람에게
먼저 권해주고 싶은
맛이에요

"떡볶이랑 순대랑 어묵탕 주세요!"

한국의 골목식당 분식집에 들르면 꼭 빠지지 않는, 빼놓을 수 없는 3총사가 있습니다. '떡순어'라고 줄여 부르기도 하고요. 1종을 더 추가해서 **튀김**까지 4총사로 부르기도 합니다. **라면**까지 포함하면 5총사가 되겠네요. 분식집에 '5대장'이라고도 할 수 있고요. 5대장에서 대장은 역시 **떡볶이**가 중심이라고 하겠습니다. 떡볶이 양념에 순대랑 튀김이랑 라면 면발을 넣으면 그 자체로 또 하나의 요리가 탄생하는 것이니까요.

그런데 참으로 한국의 골목식당에서만 볼 수 있는 신기한 일이 있습니다.

족발집에 가서 족발을 주문했는데 순대가 서비스로 나오고요, 순댓국 식당에 가서 순댓국을 주문했는데 순대를 따로 서비스로 내주거든요.

그뿐 아니죠?

순대를 사러갔는데 말을 안 해도 돼지 허파랑 돼지 간을 같이 챙겨줍니다. 허파는 빼달라거나, 간은 안 먹는다고 미리 말하지 않으면 으레 한 봉지에 담아줍니다. 순대를 사는데 이것저것 더 줍니다.

한국에서는 순대를 사면 이것저것 함께 주는 게 참 많습니다. 순대를 사면서 간이나 허파를 빼달라고 하면 순대를 더 많이 주고요, 간 대신 허파를 많이 달라고 해도 됩니다. 허파 대신 간을 더 달라고 해도 되죠. 순대를 사는데 간이나 허파를 같이 주는 방식, 이 점 또한 한국인들만의 정 넘치는 식문화라고 할 것입니다.

순대를 파는데 왜 간이나 허파를 같이 팔까요?

순대를 사는데 돼지 간이나 돼지 허파를 곁들여 판매하는 것은 언제부터 시작되었을까요? 돼지 내장들이다 보니 돼지(돈육)부산물로서 함께 판매한 것일 수도 있는데요, 조금 더 깊이 생각해보면, 돼지 간이나 돼지 허파의 효능이 떠오릅니다.

〈동의보감〉에서 말하는 돼지 간은 '그 성질이 따뜻해서 설사를 멈추는데 도움이 되고 몸에 땀이 많이 나는 것을 막아주며 다리 병을 없애는데 도움 된다'고 적혀있습니다. 돼지 허파는 '성질이 차갑고 독을 해독하는데 도움 된다'고 하고요.

그러고 보니, 돼지 간의 따뜻한 성질이 허파의 차가운 성질과 중화가 될 것 같고 허파의 해독 작용과 돼지 간의 설사를 막아주는 효능이 돼지 창자인 순대를 먹으면서 혹시라도 생길 수 있는 소화불량을 막아주는데 도움 되는 것

아닐까요? 순대 하나를 팔면서도 손님의 건강까지 배려하는 한국인의 골목 음식이기에 이해될 수 있는 모습입니다. 이처럼 알면 알수록 더 신뢰가 생기는 순대가 아닐 수 없습니다. 그래서 국민간식 반열에 오른 순대라고 할 수 있는 것 같고요.

순대는 돼지 창자에 채소와 당면, 돼지 피 등을 넣어 만드는 음식인데요, 돼지 창자에 넣는 재료는 식당에 따라 다양한 재료들을 넣어 만듭니다.

순대라는 단어는 1776년에 출간된 만주어 사전 〈한청문감(漢淸文鑑)〉에 '순타'로 처음 등장해서 1897년에 출간된 〈한영자전〉에는 '슌디'로 설명되었고 1920년에 출간된 〈조선어사전〉에서 '순대'로 표기됩니다. 순대의 동의어로는 '살곬집'이라는 단어가 있습니다. 순대 어원의 변천사를 보다보면 동의어로 '살곬집'이란 게 눈에 들어오는데요, 고기와 뼈를 넣어 만든 음식이란 의미로 생각됩니다.

그러나 기록된 문헌자료에 따라 설명한다고 하더라도 정확한 유래와 기원은 아직 확실하게 밝혀진 것은 없다고 합니다. 예로부터 순대와 비슷한 요리도 많았는데요, 양 창자로 만든 음식, 소 창자, 돼지 창자에 속을 넣어 만든 음식들이 그렇습니다.

한국인에게는 떡볶이와 곁들이는 필수 음식 가운데 어묵탕 외에 반드시 순대를 꼽는 경향이 많습니다. 순대 한 조각을 떡볶이 양념에 콕 찍어 입 안에 넣으면 매콤한 양념이 순대 속의 당면과 어우러지면서 색다른 식감을 얻는데요, 그 맛은 먹어본 사람만이 알 것입니다.

맛있는 순대를 만들기 위해 신선한 창자를 사용해야 하는 건 당연합니다. 돼지 창자 손질도 중요한데요, 돼지 창자를 물에 담그고 1차적으로 핏물을 제기한 후 창자를 수돗물 호스와 연결해서 창자 안에 있는 이물질을 쓸려 나가도록 해줍니다. 이때 호스나 쇠관 앞부분에는 솔을 달아서 끼고 뺄 때 창자 내부의 이물질을 걸러주도록 합니다.

깨끗하게 세척된 돼지 창자가 준비되면 순대 속을 넣어줘야 합니다. 이때도 창자를 속(양념 소) 넣는 호스랑 연결시켜서 미리 만들어둔 소를 넣어주는데요, 돼지 창자에 속을 넣어줄 때는 전문가의 실력이 필요합니다.

앞서 돼지 창자를 세척해주는 과정에서도 돼지 창자 껍질에 손상이 가지 않도록 적절한 힘을 유지해주는 게 중요하거든요. 마찬가지로 돼지 창자에 속을 넣어줄 때도 전체적으로 균등하게 속이 채워지도록 균형을 맞춰줘야 합니다. 이렇게 완성된 순대는 찜통의 수증기에 찌거나 물에 끓여 조리합니다.

순대가 완성되고 먹을 때는 돼지 허파와 돼지 간을 곁들이게 되고요. 길다란 순대를 먹기 좋게 썰어서 동그랗게 말린 순대 한 조각을 집어 입에 넣으면 따뜻한 재료들의 식감이 입 안에 퍼지면서 고기와 채소, 면을 동시에 즐길 수 있습니다.

취향에 따라 순대를 튀겨서 **튀김순대**를 만들어 먹기도 하는데요, 순대는 **떡볶이 양념**에 찍어 먹어도 맛있고, 고춧가루랑 소금을 섞어 만든 간소금에 찍어 먹어도 그 맛이 좋습니다. 여름이나 겨울, 계절을 안 가리는 음식이므로 여름에는 여름대로, 겨울에는 겨울대로 즐길 수 있는 음식입니다.

특히 순대 애호가들은 **막창순대**를 즐기기도 하는데요, 돼지 막창에 당면과 여러 채소를 곁들여 넣은 **막창순대**는 예로부터 이어져온 진짜배기 순대라고 부를 수 있을 것입니다.

그리고 순대하면 **순댓국**을 빼놓을 수 없죠.

순댓국에 대해 알아볼까요?

순댓국은 한국인의 골목 음식에서 빼놓을 수가 없는데요, 순댓국을 만드는 재료는 돼지머릿고기, 돼지 위(오소리감투), 돼지머리 뽈살, 돼지 코, 돼지 귀, 돼지 염통(위), 돼지 새끼보, 돼지 작은창자, 돼지 대창, 돼지 막창을 포함하여 돼지고기 대부분의 부위를 넣습니다. 어떤 순댓국 식당에서는 족발에 사용되는 돼지 앞다릿살, 돼지 뒷다리살을 넣어주는 곳도 있습니다. 단골들에게만 주는 서비스였는지는 모르는 일이지만요.

돼지고기에 대해 하나씩 설명드리면 다음과 같습니다.

순댓국에 많이 들어가는 돼지 수육은 머릿고기를 말하는데요, 부위 특성상 비계나 연골이 많은 부위죠. 그 덕분에 콜라겐도 풍부하고 국물을 냈을 때 진하고 찐득한(?) 식감을 맛볼 수 있게 해주는 부위입니다. 그래서일까요? 돼지 머릿고기 식당에서는 대부분 순댓국을 파는 곳들이 많습니다.

돼지 머릿고기 부위에 대해 순서대로 알아보죠.

먼저, 두항정은 돼지 머릿고기의 목덜미 부위로 지방이 많은 부분인데요, 색이 진하지 않고 지방 부위를 씹을 때 사각사각하는 식감이 특징입니다. 그 다음에 뽈살(돼지머리 앞면 근육 부위)은 색이 진한 만큼 맛도 진한데요, 근육이 많아서 씹을 때 쫄깃한 식감이 특징입니다. 뽈살을 찾는 손님들도 많아서요, 국내산만으로는 가격이 비싸서 수입고기까지 사다가 순댓국을 만드는 식당들도 많습니다.

그 다음 부위로 돼지 머릿고기에서 돼지 콧등, 돼지코 안쪽 살, 돼지 혀 밑살이 있는데요, 돼지껍데기 좋아하는 분들이 선호하는 부위죠. 콜라겐도 먹고 살코기도 먹을 수 있어서 나름의 그 독특한 맛이 있습니다.

돼지 머릿고기에서 돼지 혀(돈설)는 쫄깃거리는 식감도 좋고 맛도 좋아서 순댓국에 빠질 수 없는 부위인데요, '순살'이라고 부르는 사람도 있을 정도로 인기가 많아서 순댓국에 꼭 들어갑니다.

돼지 귀는 저 개인적으로는 좋아하는 부위인데요, 안쪽에 오도독뼈가 있어서 씹을 때 식감을 즐기는 편입니다. 식당에 따라 별미로 초무침 같은 양념을 해서 내놓는 곳도 많죠.

이처럼 순댓국에는 다양한 돼지 머릿고기를 넣어서 만드는데요, 위에서 말씀드렸지만 돼지 콧살, 돼지 귀, 돼지 오소리감투(위) 등등, 식당들마다 순댓국에 넣는 부위가 다르므로 참고해주시면 좋겠습니다. 또 순댓국에는 돼지 염통(심장)도 넣는데요, 돈설(돼지 혀)이나 돼지 간으로 착각하는 경우도 있습니다. 모양이나 식감이 비슷하거든요.

돼지 위(오소리감투)는 독특해서 두 가지 식감을 맛볼 수 있는데요, 중앙에 흰 부분은 고기 식감으로 두꺼운 편이고요, 양옆은 오돌뼈처럼 오도독오도독 맛있습니다. 그래서인지 따로 오소리감투순댓국을 파는 곳도 있습니다.

돼지 소장(작은창자)은 곱창 요리 부분에서 설명드렸는데요, 순대를 만드는 껍질로 사용되는데 쫄깃거리는 식감도 좋고 순댓국에도 가장 많이 넣는 부위입니다. 돼지 새끼보는 대부분의 순댓국에서는 잘 볼 수 없는 부위인데요, 오도독오도독거리는 식감이고 그 모양은 겉이 매끈한 반면에 안쪽에 결이 있고 색이 짙습니다. 제 개인적으로는 순댓국에 이게 들어가 있다면 그만큼 값어치하는 거라고 생각됩니다.

순대를 살 때 같이 주는 돼지 간, 돼지 허파는 순댓국에는 잘 넣지 않습니다. 제 경험상 돼지 허파를 넣어주는 식당은 봤는데요, 돼지 간은 거의 볼 수 없었던 것 같습니다. 이 글을 읽는 분들 가운데 돼지 콩팥은 어떨지 궁금하실 수 있는데요, 돼지 콩팥 부위는 식감이나 잡내 처리면에서도 선호하는 사람들이 많지 않아서 순댓국에는 잘 넣지 않습니다.

돼지 막창은 돼지 항문 근처 부위인데요 둥그런 모양의 베이지 색이라고 할까요? 순댓국에서 막창이 빠지면 섭하다고 할 정도이긴 한데요, 그 부위 특성상 손질을 잘 못하면 잡내가 나서 애먹는 부위입니다. 이처럼 순댓국에는 돼지의 모든 부위가 들어간다고 볼 수 있습니다.

순댓국에서 또 중요한 게 육수입니다. 어떤 순댓국 식당에서는 커피 프림이나 '돈골엑기스' 같은 기성 제품을 사서 물 타고 육수라고 내주는 곳들도 있는데요, 대부분은 사골육수를 직접 우려서 순댓국 육수로 사용합니다. 사실 육수 내는데 시간도 필요하고 이것저것 손질할 게 많아서 번거로운 부분이긴 한데요, 그래도 기성제품 희석해서 쓰는 육수보다는 직접 우려내서 정성을 다해주는 식당이 더 좋겠죠.

순댓국 육수는 주로 돼지 사골(다리뼈)을 우리는데요, 돼지 사골과 돼지 척추(감자)뼈, 돼지머리(뼈 포함)를 넣고 푹 끓여서 만듭니다. 한편, 돼지머리 부위를 육수내서 순댓국 육수로 사용하는 식당들도 많은데요, 돼지 머릿고기가 주로 지방질이라서 육수를 내면 진하기도 하지만 돼지 머리뼈를 같이 넣다보니 돼지 머리뼈에서 뼛국물을 낼 수 있어서 그렇습니다.

순댓국 육수가 뭔가 독특하다고 느끼셨나요?

순댓국 특유의 그 걸쭉한 육수는 돼지 머리 부위를 끓여 만들어낸 덕분이라고 생각해도 될 것입니다. 그래서 순대를 파는 식당들 가운데 유명한 곳에서는 돼지 머리 부위로 육수를 낼 때 순대를 같이 넣고 삶기도 합니다. 순댓국 육수의 맛이 순대에 들어가게 해주는 것이죠. 다만, 순댓국 육수는 사람들마다 호불호가 갈리기도 해서요, 어떤 식당에서는 소뼈를 넣고 사골육수를 내거나 닭육수를 만들어서 순댓국 육수로 만드는 곳도 있습니다.

이런 메뉴 어때요?

(돼지)순대에서 아이디어를 얻은 다양한 메뉴를 제안합니다.

우리는 떡볶이 먹을 때 순대를 함께 시켜서 먹어야 제맛이고 제대로 먹었다는 기분이 듭니다. 떡볶이 양념에 순대를 찍어 먹으면 별미이기 때문이죠. 또 순대를 먹을 때는 간이랑 허파를 같이 먹어야 순대를 먹었다는 기분이 듭니다. 이렇게 한국의 순대는 어울리고 함께하는 나름의 시그니처가 있습니다. 떡볶이와 함께 한국의 대표 분식 순대에 대해 아이디어 메뉴를 알아봅니다.

① 순대무침

초고추장과 양파, 채 썬 무를 섞어 무칩니다.

순대를 적당한 크기로 잘라서 채 썬 양파, 채 썬 무랑 곁들여 잘 섞어줍니다. 이때 초고추장을 넣어 잘 무쳐줍니다. 순대의 담백하고 쫄깃한 식감이 양파의 알싸하고 달달한 맛과 무의 시원한 맛, 초고추장의 맵싸한 맛이랑 어울려 별미가 됩니다. 순대무침은 밥반찬으로도 좋고 술안주로도 제격입니다.

② 순대꼬치

순대에 튀김옷을 입혀 튀겨서 간과 허파와 번갈아 꼬치에 꿰입니다.

순대에 튀김옷을 입혀서 기름에 살짝 튀겨내면 바삭하고 고소합니다. 튀김옷의 아삭한 식감과 순대의 부드러우면서 쫄깃한 식감을 번갈아 느낄 수 있어서 좋은데요, 튀긴 순대를 꼬치에 끼우면서 간이랑 허파를 번갈아 끼워서 먹으면 먹기 쉽고 재미까지 곁들인 음식이 됩니다.

순대와 허파, 간을 번갈아 끼우면 순대를 맛보면서도 간이랑 허파 맛이 번갈아 식감을 자극하게 됩니다. 순대를 그냥 꼬치에 끼우는 것보다는 튀김옷을 끼워 꼬치에 끼우는 게 더 안정적이고 식감도 바삭해서 맛이 좋습니다.

③ 순대만두

순대 속을 넣은 만두입니다.

순대는 껍질 부분 때문에 잘 안 먹는 분들을 위해 순대 속을 넣은 만두가 있습니다. 순대 속을 만두피로 잘 싸서 찌거나 구우면 순대찐만두, 순대군만두가 됩니다. 밀가루 반죽으로 만든 만두피가 부드러운데 그 안에 순대 속이 들어 있는 형태입니다. 입 안에서 씹었을 때 순대 껍질이 아닌, 쫄깃한 만두피가 씹히는 느낌이 별미입니다.

이때 순대만두에 들어가는 소는 돼지 염통, 돼지 간, 돼지 허파 등 돼지 내장을 다지고 당면과 돼지 피를 섞어 만듭니다.

쯔양의 맛&말   돼지순대

속이 꽉찬

느끼하지 않은 맛

장소| 충청남도 대전 중구 『대동순대』
www.youtube.com/watch?v=Ygwp9LZf1CU

"

안녕하세요, 여러분!
잠깐 지방 내려가는 길에 대전에 들렀거든요?
제가 되게 옛날부터 먹어보고 싶은 그런
음식이 있었는데 막창으로 만드는
순대가 있다고 해가지고
그래서 찾아와봤어요.
배 고프니까 얼른 가보겠습니다.
사실 점심 먹은 지 한 시간 반 됐는데..

"

"와! 이 속이 꽉 차 있는 순대! 취향저격인데!"

"그러면은 이것은 완전 최고!"

"진짜 다시 또 먹고 싶을 정도로 너무 맛있게 먹었어요."

정(情)을 담은 음식 이야기 17

닭꼬치

얘기를 더 많이
할 수 있어서 기분 좋은
맛이에요

한국의 거리 곳곳에 늘어선 골목식당들 그중에 빠지지 않는 음식이 있습니다. 부모를 따라 손 잡고 시장 구경에 나선 어린이부터 놀이공원에 들른 청춘남녀에게도 사랑받는 길거리 간식이라고 할까요?

닭에 매콤한 양념을 발라 연탄불이나 숯불, 가스불에 구워 내는데요, 한입에 먹기 좋은 크기로 꼬치에 끼워 파는 덕에 휴대용으로 들고 다닐 수도 있습니다.

손에 들고 다니며 먹을 때는 은박지로 꼬치를 한 번 둘러 감아서 소스가 흘러내리는 것도 방지하고 음식이 빨리 식는 것도 막아줍니다. 먹을 때는 은박지를 조금씩 벗겨가며 한 입씩 베어물면 편리하기까지 합니다.

가끔 이 꼬치에 닭고기랑 굵은 대파, 떡을 번갈아 끼워 팔기도 하는데요 매콤한 양념 고기를 먹고 구운 대파로 달짝지근한 입맛을 돋우며 떡으로는 입안의 양념을 닦아내며 매운 맛을 적당히 삭여줍니다.

한국의 골목 어디에서나 쉽게 만날 수 있는 닭꼬치 이야기입니다.

닭꼬치에는 닭만 끼우는게 아니에요

이처럼 닭고기를 한입에 먹기 좋은 크기로 잘라 꼬치에 꿰어 구운 음식이 닭꼬치입니다. 소금으로 간을 맞추거나 간장소스, 매운 양념소스를 발라 맛을 입히기도 하는데요, 닭꼬치는 닭을 재료로 하는 음식을 먹는 거의 모든 나라에서 오래 전부터 인기를 얻어온 음식이라고 할 수 있습니다.

닭은 '들에 사는 빨간 닭(들닭)'으로 불리다가 기원전 5000년 즈음에 동남아시아 사람들에게 의해 가축화 된 것으로 전해집니다. 주로 대나무숲에서 생활하던 들닭들은 대나무 씨앗을 먹었는데, 동남아시아 사람들이 이를 보고는 닭은 먹이만 주면 잘 자라는구나 생각해서 양계를 시작했다는 이야기가 전해옵니다.

닭꼬치는 처음엔 닭내장을 주로 사용했습니다. 모래집을 꿰어 소금 간을 해서 구워내기도 했고요, 닭 염통을 구워 꼬치에 꿰어 팔기도 했습니다. 아무래도 닭꼬치의 초창기엔 술안주용으로 사랑을 받았던 이유로 보입니다. 점차적으로 골목 음식으로 확산된 닭꼬치는 닭 가슴살이나 닭 다리 살을 이용하게 되었고, 술안주에서 한 끼 식사, 속이 든든한 간식의 역할로 승급되었다고 보입니다.

닭꼬치는 닭의 다릿살, 목살, 가슴살 등을 사용하고요, 모래집이나 염통을 튀겨서 끼워주는 곳도 있습니다. 닭의 허벅지살과 대파를 번갈아 끼워주는 닭꼬치도 있는데요, 대파 대신에 양파를 사용하는 곳도 있습니다.

닭고기를 꼬치에 끼운 닭꼬치이지만 닭고기를 곱게 다지거나 갈아서 동글동글한 완자로 만든 후에 꼬치에 끼워 구워내는 닭꼬치도 인기입니다. 닭 연골을 꼬치에 끼워 오독오독한 식감을 내주는 닭꼬치도 인기가 상당합니다.

조금 더 전문적으로 닭꼬치를 만드는 곳에서는 닭의 난관과 달걀이 되기 직전 상태의 '알'을 꼬치에 끼워 팔기도 하고요, 부드럽고 진한 맛이 일품인 닭의 간을 꼬치에 끼우는 곳, 지방이 많아 부드러운 식감을 주는 닭 엉덩이살, 지방이 많아 튀기면 바삭거리고 쫄깃한 식감을 자랑하는 닭의 껍질, 잘 찾아보기도 어려운 닭벼슬 고기를 꼬치에 끼워내기도 합니다.

닭꼬치에 닭고기랑 번갈아 끼우는 재료들로서는 방울토마토, 버섯, 삼겹살, 돼지 머릿고기, 베이컨, 소 토시살, 소 혀, 돼지 혀, 아스파라거스 등을 사용합니다. 닭꼬치에 사용하는 재료들은 정해진 것은 없고요, 각 식당에 따라 특성을 살려서 만듭니다.

인류의 역사와 함께 오랜 시간 함께 지내온 닭꼬치. 그 시간만큼이나 우리의 삶에 더 친숙한 음식이라고 할 것입니다. 이젠 한국의 골목식당 어디에서나 만날 수 있으니 앞으로도 계속 한국인의 간식으로서 그 인기를 더해갈 것입니다.

이런 메뉴 어때요?

닭꼬치에서 아이디어를 얻은 다양한 메뉴를 제안합니다.

아래 아이디어 메뉴 외에도 닭 목살을 활용하는 메뉴들을 추천합니다. 닭 발골에서 닭 목살만 분리해서 구이류 메뉴에 활용하면 그 맛이 최고입니다. 닭목살양념구이도 좋고요, 닭목살구이도 괜찮습니다. 야들야들하고 부들부들한 식감과 쫄깃한 식감이 안주류로도 좋습니다.

닭은 육계, 웅추(산란계 수컷), 백세미(육계와 산란계 교배종), 토종닭(한국식 재래닭), 노계(폐계)로 구분하는데요, 치킨에 사용되는 육계가 육질도 연하고 가격도 보통 수준인 반면, 삼계탕이나 백숙에 사용되는 다른 닭들은 토종닭만 빼고 가격이 낮은 편입니다.

참고로 토종닭으로는 황갈색, 흑색, 회갈색, 백색 재래닭 들이 있는데요, 순수 혈통(?)이라고 생각하게 되는 토종닭으로는 고유의 전통닭으로서 '재래종', 외국산 닭 품종이면서 한국에서 7대 이상 번식한 닭은 '토착종'으로 2종이 있습니다. 재래종과 토착종을 교배한 '교잡종'도 토종닭으로 부릅니다.

① 닭꼬치무침

닭꼬치를 초고추장에 무칩니다.
닭꼬치를 초고추장에 무쳐서 그릇에 냅니다. 닭꼬치무침을 먹을 때는 꼬치 부분을 집고 하나씩 입으로 물고 빼 먹는데요, 꼬치에서 닭고기를 빼서 무친 닭고기로 먹어도 별미입니다.

② 닭꼬치갈비

닭꼬치 고기를 갈비 양념에 재워 숯불에 굽습니다.
닭꼬치에 갈비 양념를 발라서 숯불에 구워냅니다. 숯불이 닭고기를 익혀주는 사이 불맛이랑 갈비 양념이 닭고기에 스며들면서 쫄깃하고 짭쪼롬한 맛이 풍미를 더해줍니다.

③ 닭꼬치우동

닭꼬치와 우동를 내서 우동 면 위에 닭꼬치를 얹어 냅니다.
사골육수 또는 멸치육수에 우동을 끓이고 그릇에 담아 내면서 닭꼬치 2개를 우동 그릇에 넣어 함께 냅니다. 개운한 우동맛과 함께 매콤한 닭꼬치맛이 조화를 이루면서 전체적으로 얼큰한 맛까지 덤으로 맛볼 수 있습니다. 영양적으로도 탄수화물과 단백질을 섭취하게 되어 한 끼 식사로도 든든한 포만감을 갖습니다.

④ 닭꼬치탕

닭 다리 살을 끼운 꼬치째 그릇에 넣고 닭육수로 끓여 냅니다.

무를 세로로 덩어리째 잘라서 넣고 다시마를 넣어 육수를 내듯 끓인 후, 닭 꼬치를 넣고 더 끓입니다. 양파, 당근, 감자를 넣어주면 더 담백하고 깊은 육수가 됩니다. 닭꼬치탕은 닭꼬치를 먼저 먹고 국물에는 미리 익혀둔 소면을 넣어 먹거나 칼국수 사리를 넣어 다시 끓여 먹습니다. 남은 육수애 칼국수를 넣어 끓이면 닭칼국수 풍미가 느껴집니다.

⑤ 닭날개꼬치

닭날개의 뼈를 제거한 후에 꼬치에 끼워 구워냅니다.

⑥ 새우닭꼬치

닭날개에 뼈를 제거하고 새우를 끼운 후에 꼬치에 껴서 구워냅니다.

⑦ 닭껍질말이튀김

가늘고 길게 여러 갈래로 나눈 닭 가슴살을 닭 껍질로 동그랗게 말아서 꼬치에 끼워 기름에 튀겨냅니다. 닭 껍질의 기름기를 닭 가슴살이 잡아주면서 전체적으로 바삭하고 쫄깃한 식감이 별미입니다.

만드는 방법은 먼저 닭 가슴살을 잘 삶아서 익혀준 후에 식힙니다. 식은 닭 가슴살을 가늘고 길게 여러 갈래로 찢어 둡니다. 닭 껍질로 닭 가슴살을 돌돌 말아서 마무리 부분을 꼬치로 끼워 고정시켜 줍니다. 그리고 기름으로 튀겨줍니다. 닭껍질말이튀김을 먹을 때는 케첩이나 칠리소스를 곁들이면 풍미를 더합니다.

⑧ 뼈없는양념닭발꼬치구이

뼈 없는 닭발에 양념을 해서 꼬치에 끼워 구워냅니다.

뼈 없는 닭발을 준비합니다. 꼬치를 준비해서 하나씩 끼워가며 꼬치 하나에 가능한 많이 끼워지도록 촘촘하게 끼워주는 게 포인트입니다. 그리고 석쇠에 놓고 숯불이나 연탄불, 가스불에 구워줍니다. 이때 겉면이 너무 빨리 타지 않도록 닭육수를 자주 발라주면서 속까지 잘 익도록 합니다. **뼈없는양념닭발꼬치구이**는 먹을 때 쫄깃하고 야들야들한 식감이 맛있고 닭 다리를 들고 먹는 기분이 들게 해주는 별미입니다.

⑨ 닭목살양념꼬치

닭 목살에 양념 간을 맞춰 꼬치에 끼워 구워냅니다.

만드는 방법으로는 우선 하루 정도 냉장 숙성된 닭 목살을 준비합니다. 이때 양념은 닭갈비 양념도 괜찮습니다. 다진 마늘, 대파, 소금, 설탕, 간장, 고추장, 고춧가루를 적당량 섞어 만든 양념장을 닭 목살에 바르면서 구워냅니다. 숯불이나 연탄불도 괜찮습니다. 양념장을 자주 발라주면서 닭 목살 깊이 양념이 스며들도록 해주는 게 포인트입니다. 양념장으로 간을 맞춘 닭 목살의 부드러우면서도 쫄깃한 식감과 그 맛이 입 안에서 오래 머물며 잊히지 않습니다.

쯔양의 맛&말 닭꼬치

말랑말랑 닭 다리 살 같은

육질에 각종 소스 맛

장소| 서울 동대문구 시립대로 『다사리아』

www.youtube.com/watch?v=7M6gEUjNrKo

> " 안녕하세요, 여러분. 제가 오늘은 닭꼬치가 진짜 갑자기 너무 먹고 싶어가지고
> 지금 근처에 있는 닭꼬치 집에 왔거든요.
> 아.. 닭꼬치 먹은 지 진짜 오래됐어요. 빨리 들어가 볼게요. "

"진짜 맛있다! 완전 쫀득쫀득해요!"

"종류도 가지가지, 닭 껍질 염통까지."

"말랑말랑한 닭다릿살같은 그런 닭꼬치 좋아하는데 딱 그거예요!"

"맛있는 건 원래 아껴먹는다고 하잖아요."

정(情)을 담은 음식 이야기 18

참치회

태평양에서
요트 타고 여행하는
맛이에요

띵동.

스마트폰 알람이 울립니다. 서울 마포구 합정역 인근 참치 식당에서 때마다 전해오는 소식, 참다랑어가 입고되었다는 메시지입니다.

참치라고 부르는 어종들 가운데 참다랑어, 기름치, 가다랑어 등이 있다면 그중에 제일은 참다랑어입니다. 참다랑어는 그 명칭부터 '참'이 붙어 있으니 다른 참치(?)들보다 뛰어나다는 증거라고 할 것입니다.

그래서 이 식당에서는 단골손님들에게만 이처럼 참다랑어 입고 소식을 알려줍니다. 참다랑어회 애호가를 위한 배려라고 할까요? 이 날은 참다랑어회를 맛보는 기대감에 유쾌한 하루가 됩니다.

참다랑어회, 즉 **참치회**를 좋아하는 한국인들만큼 일본인들도 **참치회**를 즐기는데요, 알고 보면 한국인과 일본인이 좋아하는 참치 부위가 다릅니다.

"참치회는 일본에서 전해진 것 아닌가요?"

엄밀하게 구분해서 다르다고 할 것입니다. 한국에서 선호하는 **참치회**가 있고 일본에서 선호하는 **참치회**가 있어서 그렇습니다.

가령, 일본에서는 참치뱃살을 선호한다면 한국에서는 참치 대가리와 목살 부위를 선호합니다. 그래서 한국 어선이 참치를 잡으면 참치뱃살은 일본에 수출하고 나머지 참치 대가리 부위와 목살 부위는 국내에 공급합니다. 물론, 한국에서도 참치뱃살을 원하는 사람들이 있긴 하지만 전체에서 그 비중이 일본보다는 덜합니다.

참고로, 참치 가격이 폭등했을 때는 일본에서 판매하는 참치뱃살 부위 가격이 2배 넘게 오른 적도 있습니다. 일본의 **회전초밥** 식당에서 한 접시에 두 개씩 제공하던 참치뱃살을 한 접시에 한 개만 제공했으니까요.

참치뱃살을 즐기는 일본인들은 특히 **빨간 뱃살** 부위를 선호하는데요, 참다랑어 130kg짜리 한 마리의 가격이 우리나라 돈으로 최고 1억 원을 넘어선 경우도 있을 정도입니다.

참치 한 마리에 1억 원? 이 가격이 비싸다고만 할 수는 없죠. 한 마리에 10억 원짜리도 있었으니까요.

그럼 참치 한 마리에 **참치회**는 몇 점을 만들 수 있을까요? 예를 들어, 230kg짜리 한 마리는 **참치회** 약 9,000개를 만들 수 있습니다. '**빨간 뱃살**'부터 옆구리살, 대뱃살까지 모두 포함해서입니다. 그렇다면 다른 회보다 유난히 비싸다고 느껴지는 **참치회** 가격은 얼마나 될까요?

참다랑어회의 경우를 예로 설명드리자면, 대뱃살 1인분은 약 15만 선입니다. 참다랑어 대뱃살 1kg 가격이 도매 가격으로 대략 약 16만 원선인데요, 껍질이란 내장을 분리하면 800g 정도 남습니다. 식당 입장에선 대뱃살 1kg 원가가 약 20만 원 정도가 되는 것이죠. 그래서 대뱃살 1인분에 15만 원 정도를 받는다고 해도 식당 입장으로는 큰 이익을 남기는 것은 아닙니다.

참다랑어 대뱃살은 **참치회** 중의 **참치회**라고 표현할 수 있는데요, 입 안에서 살살 녹는다고 표현할 수 있는 참다랑어 대뱃살의 맛에 한 번 빠지면(필자의 의견입니다만) 다른 **참치회** 부위는 **참치회**라고 느껴지지 않을 정도라고 할 수 있습니다.

참치회로 만들어지기까지의 과정도 만만치 않습니다

바다에서 잡아올린 참치는 배에서 그 즉시 냉동해야 하는데요, **참치회** 식당에 옮겨져 **참치회**로 제공될 때에 해동되어야 합니다. 어획한 즉시 냉동되었다가 식당에서 해동되는 참치, 그래서 **참치회**의 맛은 해동(얼었던 것을 녹이는) 실력에 달려있다고 해도 과언이 아닙니다.

혹시 **참치회**를 드실 때 조리사가 미리 해동해둔 참치를 썰어서 제공해주던 가요? 그렇다면 그 참치는 참다랑어가 아닐 확률이 95% 이상입니다. 눈다랑어나 황다랑어는 미리 해동해서 숙성시켜두기도 하거든요.

참다랑어는 주문을 받는 즉시 해동하는 게 철칙입니다. 참다랑어 대뱃살에는 기름기가 풍부해서 미리 해동해두었다가는 다 녹아버릴 수 있기 때문입니다. 그래서 참다랑어 대뱃살은 손님이 주문하면 냉동고에서 꺼내서 살짝 해동시키고 썰어서 회를 만드는 것이죠. 이렇게 만든 대뱃살은 손님 앞에서 서서히 녹으며 색감이 살아나고요 가장 먹기 좋은 상태의 식감으로 만들어지는 것이랍니다.

참치뱃살은 지방이 풍부해서 윤기가 흐르는 부위로 정평이 나 있습니다. 입 안에서 녹아내린다는 식감으로 유명하죠. 참치회를 즐기는 사람들이라면 뱃살 부위를 선호하는 이유이기도 하고요.

이러한 뱃살 부위에서도 지방질이 가장 풍부한 부위가 바로 대뱃살 부위로서 앞쪽 뱃살이고요, 옆구리살은 중간 뱃살이라고도 부르는데 그 순서가 대뱃살 다음입니다. 그리고 뱃살 부위에서 제일 나중 순서가 빨간 뱃살이라고 하겠습니다. 빨간 뱃살은 '속살'에 해당하고요, 지방질이 없고 나이테처럼 곡선의 결이 있는 빨간색 부위입니다.

'참치는 다 같은 참치?' 아닙니다.

참치의 종류에 대해서도 알아보도록 하겠습니다.

참치는 '다랑어류'와 '새치류'로 나뉘는데요, 다랑어류 중에서도 최고급은 '참다랑어(blue fin tuna)'로서 몸길이가 최대 2.5m 정도이고 중량이 500kg에 이릅니다. 이러한 참다랑어가 겨울철에 제맛이라면 봄철에 즐기는 '눈다랑어(BigEye)'가 있고요, 여름과 가을에 즐기는 '황다랑어(Yellow Fin)'가 그 다음 순서입니다.

그리고 참치캔에 들어가는 참치는 '날개다랑어'(Albacore)이고요, '가쓰오부시(節, かつおぶし)'로 익히 유명한 육수용 다랑어로서 '가다랑어(Skip Jack)'가 있겠습니다.

한마디로 기준을 정하자면, 여름에는 가다랑어, 겨울에는 참다랑어라고 그 맛을 인정할 수 있을 것입니다.

그렇다면 '새치류'에 대해 알아보죠.

참치회초밥이나 참치물회에 주로 사용되고 참치회덮밥류에 사용되는 종류입니다. 그 모양새부터 다랑어랑 다른데요, 코가 뾰족하고 길쭉한 몸을 가졌습니다. 다랑어보다는 가격이 낮습니다. 헤밍웨이의 소설 '노인과 바다'에서 노인이 잡은 게 '새치'입니다.

참치회를 즐길 때는 그 맛의 순서를 알아도 좋습니다.

참치회는 지방질이 풍부한 곳이 맛있는 부위인데요, 속살보다는 등살 부위가 좋고, 옆구리살과 대뱃살에 이어 갈비뼈살 등의 순서라면 만족할만한 순서이겠습니다. 담백한 속살부터 지방이 풍부한 부위로 맛을 보는 순서입니다.

참고로, 참치회초밥에서 수북하게 쌓아준 참치회는 갈비뼈살 부위이고요, 이 부위는 칼로 썰 수가 없어서 참치 뼈에 붙은 살을 숟가락 등의 도구로 긁어낸 것입니다.

여기까지 한국인의 참치회에 대해 알아보았는데요, 제 개인적인 생각으로는 무한리필 참치회만큼 좋은 곳도 없는 것 같습니다. 한국의 골목식당 특유의 참치회가 많은 이들에게 사랑받을 수 있으니까요.

이런 메뉴 어때요?

참치회에서 아이디어를 얻은 다양한 메뉴를 제안합니다.

참치회를 좋아하지만 참치회를 자주 먹지 못하는 경우가 많습니다. 가격 때문이기도 하고 시간이 바빠서이기도 합니다. 그래서 참치회를 좋아하는 사람들을 위해 간편하게 즐길 수 있는 다양한 메뉴가 필요합니다. 참치회에 대해 아이디어 메뉴를 알아봅니다.

① 참치뼈라면

라면에 참치 뒷살(회 뜨고 남은 살)을 넣어 끓여 만듭니다.

참치를 해체하고 나면 참치뼈 부위에 살들이 남습니다. 이런 살들은 수저를 사용해서 긁어내서 식탁에 내기도 하는데요, 참치의 뼈 부위에 남는 살들을 모아서 작은 조각으로 준비해서 라면을 끓일 때 넣어 끓입니다.

먼저 라면 스프와 물을 넣고 적당한 크기로 자른 참치뼈를 함께 넣어 끓이다가 충분히 끓으면 미리 준비해둔 참치뼈 살과 라면을 넣어줍니다. 경우에 따라, 참치뼈를 넣지 않고 참치살만 넣어 끓이기도 하는데요, **참치라면**의 특징은 라면에 참치뼈가 보이는 게 맛이고 멋이므로 데코레이션 용도로 넣어주는 게 좋습니다.

② 참치볶음덮밥

양념 간을 맞춘 볶음밥 위에 참치뱃살 조각을 얹어 만듭니다.
밥과 참치살을 섞어서 양념한 후 볶아주는 방식이 아닙니다. 양념 간을 맞춰 잘 볶아준 밥을 그릇에 담고 그 위에 참치뱃살 조각을 얹어주는 것입니다. 양념된 볶음밥의 맛이 참치뱃살을 먹을 때 입안에서 섞이면서 독특한 풍미를 만들어줍니다.

③ 간장참치덮밥

양념간장으로 간을 맞춘 밥 위에 참치뱃살을 얹습니다.
하얀 쌀밥을 지어 양념간장으로 간을 맞춰 고슬고슬하게 저어 준비합니다. 밥을 그릇에 담고 그 위에 참치뱃살을 얹어 줍니다. 참치뱃살이 밥 위에서 따뜻하게 온도를 전달받으면서 먹기 좋게 해동되고, 밥을 먹을 때 양념간장의 짭쪼롬한 맛이 참치뱃살을 먹을 때 입안에서 쌀밥과 섞이면서 풍부한 맛을 만들어 줍니다.

④ 참치갈비

참치 갈비뼈와 참치 갈빗살을 수저랑 같이 냅니다.

참치회를 좋아하는 애호가들을 위한 별미입니다. 참치 갈비를 내면서 참치 갈빗살 전용 수저를 같이 내주고 직접 갈빗살을 긁을 수 있도록 합니다. 이때 참치 갈비 크기는 한 사람의 그릇 위에 놓을 수 있을 정도의 적당한 크기여야 합니다.

참치 갈빗살은 많은 양을 먹는다는 게 아니고 갈빗살을 직접 긁는 재미를 주는 게 포인트입니다. 손님이 참치 갈빗살을 긁어내면 다시 받아서 그릇에 담아 다른 수저를 사용할 수 있도록 정갈하게 다시 내줍니다.

여러분의 아이디어 메뉴를 기록해 보세요.
한국을 대표하는 시그니처 음식으로 탄생할 수 있습니다!

메뉴명:

만드는 법:

쯔양의 맛&말　　참치회

식감이 부드러워서

입에서 살살 녹는 맛

장소| 서울 동작구 사당동 『김동구 참치박사』

www.youtube.com/watch?v=nmnwrWOv8QU

" 안녕하세요, 여러분, 제가 오늘은 저희 가게 근처에 있는 참치집에 왔거든요.
여기 동작구에서 좋은 취지의 프로그램을 진행한다고 하걸래 소개해드릴겸
참치 먹으러 왔습니다. 일단은 배고프니까 참치 먹으러 가볼게요. "

"아, 식감부터 너무 맛있는데!"

"와, 진짜 너무 부드럽다."　　　　"와, 이거 진짜 맛있어!"

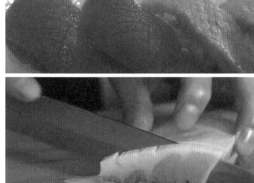

"와, 오랜만에 참치 먹으니까 진짜 너무 행복해요!"

정(情)을 담은 음식 이야기 19

치킨

어떤 시합이든
무조건 이기는
맛이에요

한국에는 사위가 처갓집에 오면 씨암탉을 잡아 대접한다는 이야기가 있습니다. 사위는 100년 손님이라고 했으니 귀한 손님이 올 때 준비하는 것이 바로 닭 요리였던 것이죠. 그만큼 닭이 예전엔 고급 음식이고 귀한 음식으로 대우(?)받던 것을 알 수 있는데요, 이제는 한국 주택가 골목 어디에서나 흔하게 찾아볼 수 있는 치킨집부터 삼계탕, 닭백숙, 닭볶음탕, 닭갈비, 닭강정, 닭꼬치, 닭가슴살, 치킨버거 등등, 닭 요리는 흔할 정도로 대중화된 음식이 되었습니다.

한국에서 치킨은 1961년 '명동 영양센타'에서 시작되었다고 보는 의견이 있습니다. 치킨이 메뉴인데 영양센타라고 하여 보양식 대우를 받는 시대였죠.

뒤이어 식용유가 출시되면서 닭을 기름에 튀겨서 판매하는 식당들이 등장했는데요, 시장들마다 가마솥에 기름을 붓고 닭을 튀겨 팔기 시작했던 것도 그 당시입니다.

뒤이어 **양념치킨**이 1980년대에 등장하였고, 1996년도에 이르러서는 치킨 전문점 형태로 하나의 브랜드화된 치킨 프랜차이즈들이 다수 등장했습니다. 점차 각 브랜드마다 독특한 조리법과 양념을 개발하며 차별화를 이루어 갔고, 무한 경쟁체제에 들어서게 되었던 것이죠.

이른바, 간장치킨, 숯불바베큐치킨, 불닭치킨, 파닭, 화덕치킨, 닭강정, 마늘치킨, 올리브오일치킨 등 다양한 조리법으로 무장한 치킨 브랜드가 있고, 여기에 추가하여 포장박스 형태로 차별화를 두는 곳들도 생겼죠. 또한, '두 마리 치킨' 처럼 한 마리 가격에 두 마리 치킨을 판매하는 양적 차별화를 준 곳들도 생겨났습니다. 치킨 브랜드에서 만큼은 한국의 치킨산업이 무한경쟁체제라고 봐도 전혀 어색하지 않을 상황인 것이죠.

인류가 연간 소비하는 소가 약 3억 마리, 돼지가 1조 4천 억 마리라고 할 때 닭은 약 58조 마리라고 하는데요, 한국에서는 드라마 소재로 등장할 정도로 대중화되고 여전히 식지 않는 인기를 유지하다 보니 외국 유학생들은 한국의 인상 깊은 음식문화로 주저없이 치맥을 손꼽는다고 합니다.

한편, 지난 2011년 국민은행(KB은행)의 통계에 의하면 한국인들은 하루에 52만 마리의 치킨을 소비한다고 합니다. 우리나라 인구 5천만 명 기준, 100명 가운데 1명은 매일 치킨을 먹는다고 할 수 있습니다.

2020년 10월 5일, 농촌진흥청에서 실시한 '닭고기 소비 실태 및 인식조사' 결과에서는 한국인 성인 1인당 닭고기 연간 소비량이 15.76kg이라고 발표하기도 했습니다. 1주일에 닭고기를 한 번 이상 소비하는 가구 비율은 전체 대비 약 70.8%로 성인의 약 56.3%가 주 1회 이상 닭고기를 소비한다는 것이죠. 그러다 보니 통계청 자료에 의하면 지난 2019년 치킨 업종의 국내 시장 규모는 5조~5조 3000억 원으로 추정되고, 프랜차이즈 가맹점 수는 약 2만 5000개라고 합니다. 한국인의 치킨 사랑 어마어마하죠?

한국인들은 도대체 언제부터 치킨을 먹었던 걸까요?

치킨의 유래를 알아보면요, 우리가 생각하는 치킨처럼 닭을 기름에 튀기는 조리법은 아니지만 이와 비슷한 닭조리법이 조선시대에 있었던 것으로 보입니다. 조선 시대에 1459년경 '전순의'가 쓴 요리책이자 농업책으로 〈산가요록(山家要錄)〉이 있는데요, 여기에 '포계(炮鷄)'라는 이름이 소개됩니다. '닭 한 마리를 25조각 내외로 자르고 기름으로 그릇을 달군 후 고기를 넣고 닭고기를 뒤집어가며 볶아내어 장과 참기름, 밀가루에 섞어 식초랑 같이 내는 조리법'입니다.

'포계'에서 '포' 글자의 의미가 '통째로 굽다'라는 뜻이고요, 포계 조리법은 닭고기를 볶아서 참기름, 밀가루, 식초 등을 섞어 옷(?)을 입혀주는 것이어서 치킨처럼 닭에 튀김옷을 입혀 뜨거운 기름에 통째 넣어 튀기는 것과 일치하지는 않습니다.

한가지 신기한 사실은 〈조선왕조실록〉이나 옛 문헌에서 '보리술'에 대한 기록을 찾아볼 수 있다는 점인데요, 보리술이라고 하니 맥주(?)라고 생각됩니다만, 맥주보다는 보리막걸리에 가까운 술이고요, 주도만 하더라도 15.5도에 이를 정도로 독했습니다.

치킨은 염지(향신료를 넣은 소금물)한 닭을 기름에 튀겨서 소스랑 양념을 입혀 만드는데요, 기본적으로 10분 정도를 튀깁니다. 혹시 치킨 배달을 주문했는데 치킨이 빨리 왔다고 하면 미리 튀겨둔 닭일 수 있는 것이죠. 실제로 일부 브랜드에서는 닭을 1차 튀겨두고 주문이 오면 다시 한 번 더 튀겨서 내는 경우도 있습니다.

닭의 크기에 따라 요리가 달라져요

프라이드치킨에 양념을 입혀 양념치킨을 만드는데요, 양념 입히는 방법은 양념통에 넣고 흔들어서 양념을 입히기도 하고, 프라이드치킨 위에 양념을 뿌리기도 하며 양념솔을 사용해서 치킨마다 양념을 발라줄 수도 있습니다. 아무래도 양념솔을 사용하면 치킨들마다 구석구석 양념을 입힐 수 있겠죠.

닭고기 조각에 튀김옷을 입힐 때는 밀가루에 물을 섞고 닭조각을 넣었다가 빼는데요, 이 과정을 여러 번 하면 튀김옷이 두껍고 적게 하면 얇습니다. 양념치킨의 경우는 튀김옷을 얇게 입히는게 아무래도 맛이 더 좋겠죠? 튀김옷이 두꺼우면 닭 조각 구석구석에 양념이 스며들지 못하고 붕 뜨거나 흘러내릴 수 있으니까요.

치킨을 만드는 닭은 크기에 따라 소(5~6호), 중소(7~9호), 중(10~12호), 대(13~14호), 특대(15~17호)로 나뉘는데요, 닭을 먹을 수 있는 크기가 최소 500g(5호)이고 이를 가리켜 흔히 '영계'라고 부릅니다. 참고로, 닭육수는 대 또는 특대 크기의 닭을 사용하는데요, 그 이유는 어린 닭일수록 육질은 부드러워도 육향이 부족하기 때문입니다.

맛이 가장 좋은 크기는 10호 정도의 닭이라고 할 수 있는데요, 소 크기는 삼계탕에 사용되는 부드러운 육질의 닭이고, 중소 크기의 닭은 손으로 잡기 좋고 육질도 괜찮은 편이라 튀김으로 주로 사용되죠. 국내에서 치킨에 주로 사용되는 크기입니다. 대 크기는 주로 닭볶음탕에 사용되는 닭이고요, 특대 크기는 닭백숙에 사용됩니다. 닭백숙을 푹 고아내는 이유는 육질을 부드럽게 하기 위함이고 동시에 육수 맛을 내기 위함입니다.

치킨의 뼈를 보면 건강한 닭을 사용했는지 알 수 있다

생각해보면, 양도 많고 육질 맛도 좋은 닭은 큰닭이라고 할 수 있겠죠. 옛날 통닭은 튀김옷 없이 튀기면서 12호짜리 닭을 사용했는데요, 튀김옷을 입히는 치킨은 큰 닭을 사용할 경우 속까지 익히기가 어려우므로 9호짜리를 사용하게 된 것으로 보입니다. 치킨의 닭 크기가 작은 이유도 '익히는 기술'에 있지 않나 싶습니다.

치킨을 만들 때 생닭을 고르는 방법으로는 껍질이 크림색이고 육질이 탱탱한 것이 좋습니다. 육질이 푸석하거나 주름이 많은 닭일수록 도축한 지 시간이 많이 지난 상태입니다. 간혹 멍든 닭이 있을 수 있는데요, 그 이유는 닭이 스트레스를 받아서 근육에 생긴 출혈 때문입니다.

치킨을 먹을 때 뼈를 보면 닭의 상태를 알 수 있는데요, 건강한 닭일수록 절단한 뼈 부위가 희고 혈관색도 옅은 색입니다. 폐사한 닭일수록 혈관색이 짙게 되고요, 뼈 절단 부위가 어두울수록 냉동닭을 해동해서 만든 치킨일 수 있습니다.

참고로, 치킨을 튀기는 기름은 오래 사용할수록 색깔이 짙어지는데요, 기름을 오래 사용하게 되면 어느 순간 **치킨** 색깔도 노릇한 색에서 점점 짙어지는 걸 보게 됩니다.

그래서 치킨가게에서는 **프라이드치킨**을 튀기다가 색깔이 짙어진 기름에는 **양념치킨용 치킨**을 튀기곤 합니다. 양념 색깔로 치킨 색깔을 가리는 것이죠. 물론 맛에는 이상이 없으니 안심해도 될 것 같습니다.

이처럼 역사를 거쳐오며 한국인의 맛을 대표하는 음식이 된 **치킨**, 앞으로도 더욱 다양하고 맛있는 **치킨**들이 많이 등장해서 세계인의 입맛을 사로잡게 되기를 기대합니다.

이런 메뉴 어때요?

치킨에서 아이디어를 얻은 다양한 메뉴를 제안합니다.

야구장에서, 맥주와 곁들여서, 모든 종류의 스포츠 경기에서 빼놓을 수 없는 치킨은 한국의 대표 시그니처가 된 지 오래입니다.

소스가 다르거나 닭을 튀기는 기름이 다른 메뉴, 새 기름 한 번에 정해진 마리 수만큼만 튀기는 메뉴, 튀김옷의 두께에 따라, 양념 종류에 따라 달라지는 메뉴들, 그래서 세계 그 어느 나라보다 가짓수가 많고 새로운 메뉴가 속속 탄생하는 나라, 한국의 치킨에 대해 아이디어 메뉴를 알아봅니다.

① 매운치킨탕수

청양고추를 넣은 탕수육 소스를 프라이드치킨에 바릅니다.

만드는 방법으로는 닭을 튀긴 후에 탕수육 소스를 곁들여 냅니다. 이때 치킨은 뼈를 제거하고 닭 가슴살과 닭 다리살, 닭 날개살을 위주로 구성합니다. 기름에 튀겨낸 뼈 없는 닭고기를 탕수육 소스와 곁들여 내면서 '찍먹'이나 '부먹'은 각자 기호에 따라 선택합니다.

② 치킨앤무꼬치

양념치킨과 치킨무를 꼬치에 번갈아 끼워 만듭니다.

일반적인 양념치킨은 크기가 커서 포크를 사용하거나 손으로 집고 먹어야 하는데요, 치킨꼬치는 프라이드치킨을 닭갈비 정도의 크기로 잘라서 꼬치에 끼워서 양념을 바른 것입니다.

치킨무꼬치와 치킨꼬치를 별도로 구성할 수 있고요, 치킨앤무꼬치는 치킨과 치킨무를 번갈아 꼬치에 끼워 만든 음식입니다. 치킨을 먹으면서 치킨 따로, 무 따로 먹는 불편함도 없애주고 손에 기름이나 양념을 묻히는 것도 막아줍니다.

③ 매운닭가슴살연탄구이

닭 가슴살을 매운 양념으로 간을 맞춰 석쇠에 넣고 연탄불에 굽습니다.

닭 가슴살에 매운 양념장을 고르게 발라준 후에 석쇠에 놓고 연탄불 위에 구워냅니다. 석쇠로 구울 때는 이따금 석쇠를 탁탁 쳐주면서 양념이 고기 안으로 잘 스며들도록 해주는 게 실력입니다. 퍽퍽한 닭 가슴살의 느낌이 사라지고 매운 양념의 닭고기에 불맛까지 더해진 독특한 맛의 닭고기 구이가 별미입니다.

④ 닭한마리통치킨

닭 목살부터 닭발까지, 닭 가슴살, 닭 날개, 닭 다리, 닭 모래집, 닭 염통을 모두 튀김옷을 입혀서 튀겨낸 치킨 메뉴입니다. 닭 머리는 뺍니다. 지금까지 1인 1닭이라고 하지만 일반적으로 치킨은 닭내장 없고 닭발 없는 살들 뿐이었는데 이러한 고정관념을 탈피, 닭한마리통치킨에서는 닭 한 마리를 통째 치킨으로 만든 메뉴입니다.

치킨을 먹을 때는 닭 한 마리 분량을 제대로 먹는 것인지 의문이 생길 수 있는데요, 닭한마리통치킨으로는 닭 한 마리를 다 먹는다는 점에서 소비자가 느끼는 포만감이 다릅니다.

쯔양의 맛&말   치킨

언제 어떻게 먹어도

맛있는 통닭

장소| 경기도 의정부시 녹양동 『1번지 옛날통닭』
www.youtube.com/watch?v=2B707g9xMek

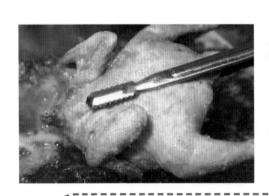

> " 안녕하세요, 저 조금 있다가.. 1시간 정도 뒤네? 먹방 할 거거든요.
> 그럼 포장을 조금.. 이게 한 마리예요? 크다! 여기 있는 거 다.
> 여기 있는 거 다 튀겨주세요. 진짜 많긴 하다. 라이브로 맛있게 먹어볼게요. "

"아, 맛있겠다! 통닭 너무 오랜만이에요, 진짜로!"

"양념 맛은 진짜 맛있는 닭강정 맛."

"통닭은 식어도 맛있어!"

정(情)을 담은 음식 이야기 20

족발

만화 볼 때처럼
재미있는
맛이에요

아이를 출산한 아내를 위해 남편이 **족발**을 자주 사옵니다. 그 이유를 물어보니 〈동의보감〉에 따르면 모든 음식들에는 섭취하고 얻는 효과(배가 부르다도 포함해서)가 있는데, **족발**을 먹으면 기력을 보충해주고 젖을 잘 나오게 해주기 때문이라고 합니다. 그 이후, 둘째 아이가 태어났을 때도 남편은 아내에게 **족발**을 자주 사다주더군요.

족발.

사실 **족발**이라는 이 단어 자체는 이상한 조합입니다. 돼지 다리를 의미하는 '다리 족(足)'인 것은 알겠는데 그 다음에 붙인 단어도 '다리'를 의미하는 '발'입니다. 이를테면 '다리 다리'인 셈입니다. 정확히 언제부터인지는 모릅니다만 한국인의 대표적 골목 음식 족발은 이미 고유명사가 되었습니다.

〈동의보감〉에 따르면 족발의 성질은 기력을 보충하고 젖을 잘 나오게 해주는 것 외에도 족발을 잘 달여서 종기를 씻어주면 종기가 마른다고 합니다. 종기에서 독을 빼준다는 것이겠죠?

이처럼 몸에 종기를 없애주고 기력을 보충해주는 족발은 어느덧 훈제족발, 한방족발, 족발찜, 미니족발 등등, 그 가짓수도 많고 종류도 다양해지면서 한국인의 대표적 골목 음식이 되었습니다.

오랜 세월 한국인들과 함께 지내온 음식

족발을 조리하기 위해서는 돼지 앞다리 또는 돼지 뒷다리를 준비하는데요, 돼지 앞다릿살엔 연골과 콜라겐 성분을 함유하고 있어 부드럽고 쫄깃한 식감이 좋고, 뒷다릿살은 살이 많고 지방층이 적어서 퍽퍽한 식감이 있습니다.

우선 돼지 다리(돈족: 豚足)는 껍질의 털을 잔털까지 완전히 제거한 후에 찬물에 담아두고 핏물을 제거합니다. 중간에 자주 확인해주면서 새 물로 갈아주도록 합니다. 이때 돼지 다리의 살 부분과 뼈 마디 부분 사이, 발톱 사이에 칼집을 넣어주고 물에 넣는데요, 핏물이 잘 빠지도록 해주는 과정입니다. 왜냐하면 돼지 다리에 핏물이 남아 있으면 나중에 족발을 먹을 때 이 부분에 핏물이 굳어 있는 게 보여서 미관상으로나 식감 면에서도 좋지 않습니다.

또한, 돼지 다리는 돼지를 도축하고 하루가 지난 상태에서 족발 식당으로 옮겨지는 경우가 대부분인데요, 돼지 다리 보관 상태에 따라 다르지만 돼지 다리가 부패되기 시작하는 부분이 가운데 중심쪽, 핏물이 있는 부분이기 때문에 핏물을 말끔히 제거해주는 게 중요합니다.

돼지 다리가 준비되면 그릇에 돼지 다리를 넣고 물을 부어줍니다. 돼지 다리가 잠길 정도의 물이면 좋습니다. 그리고 된장, 월계수잎, 소주, 후추 등을 넣어 잡내를 제거해주면서 푹 끓여 삶아줍니다. 돼지 다리를 삶은 후에는 다시 찬물에 깨끗이 씻어줍니다.

그 다음엔 큰 그릇에 물, 대파, 마늘, 양파, 생강, 엄나무, 간장, 설탕, 건고추, 통후추, 감초 등을 넣고 끓여줍니다. 물이 끓으면 돼지 다리를 넣고 다시 2시간 정도 푹 삶아 조려주는데요. 돼지 다릿살이 물러지도록 충분히 삶아졌다면 꺼내어 식혀서 적당한 크기로 썰어 그릇에 올리면 족발 완성입니다.

족발이란 한마디로 돼지 다리를 삶아 양념간장에 조려낸 음식이라고 부를 수 있죠. 그 맛이 짭조롬하고 육질이 부드러워서 남녀노소 할 것 없이 온 국민이 좋아하는 음식이고요. 몸에도 좋고 맛도 좋고 오랜 세월 한국인들과 함께 지내온 음식인 것입니다.

가축의 족(足)을 이용한 음식은 예로부터 여러 종류가 전해져 오는데요, 기록상 찾아보자면 우족을 사용한 기록이 조선 후기 음식조리법 〈시의전서(是議全書)〉에 등장합니다. '족'을 무르고 삶아서 뼈를 추리고 양념해서 굽는 '족구이'가 있습니다.

이처럼 소다리(우족: 牛足)를 이용한 요리도 다양한데요, 조선시대 궁중에서 베푸는 연회에 관한 기록인 〈진연의궤(進宴儀軌)〉에는 '족병(足餅)'이 소개되고 있습니다. 우족, 사태육, 양지 등을 고아 녹으면 고명을 넣고 식혀서 응고시켜 '묵'처럼 썰어 먹는다고 되어있습니다.

족발은 국물을 여유있게 만들어서 **돼지족탕**으로 즐길 수도 있고요, 국물을 자작하게 조려내어 **돼지족찜**으로 즐길 수도 있습니다. 이 외에도 **돼지족조림**, **강엿돼지족** 등, 식재료에 따라 찜이나 조림, 엿이나 탕 등으로도 즐겨오던 음식입니다.

본격적으로 족발 음식이 하나의 메뉴로 상업화되기 시작한 시기는 1950년 대 후반으로 보여집니다. 6.25 전쟁 때 남쪽으로 피난을 온 실향민들이 만들어 먹던 것을 장충동에서 '평안도 족발'이라는 간판을 걸고 팔기 시작했다고 전해지는데요, 1970년대 중반 무렵에는 프랜차이즈 회사가 생기면서 족발이 대중화가 되었다고 전해집니다.

족발의 기원으로는 우리나라 역사서에도 관련 기록이 있지만, 해외에서도 **족발** 음식을 즐기지 않은 것은 아닙니다. 따라서 정확한 문헌자료에 의해 '원조'를 정의하는 것은 쉽지 않습니다. 물론, 인기 음식으로서 한국에서 발달해온 **족발**을 앞으로도 더욱 발전시키는게 더 중요한 일이겠지만요.

가령, 독일 등의 중부 유럽에는 돼지 다리를 맥주에 통째 삶았다가 살짝 구워낸 '슈바인학세'라는 음식이 있습니다. 원어로 돼지(슈바인: Schwein) 발목(학세: Haxe)이고요, 그 모양도 한국의 **족발**처럼 보입니다. 돼지 다리를 이용하는 음식은 세계 각국에 다양하게 존재하는 것이죠.

이런 메뉴 어때요?

족발에서 아이디어를 얻은 다양한 메뉴를 제안합니다.

사랑하는 아내를 위한 영양식이자 온 가족의 간식으로 사랑받는 족발은 두 말하면 잔소리가 되는, 더할나위 없는 시그니처 메뉴입니다. 부드럽고 야들야 들한 식감은 물론이고 한방재료까지 넣어 몸에도 좋은 족발까지 다양합니다. 바쁜 수험생 야식은 물론, 직장인들의 퇴근 후 회식 메뉴로서도 널리 사랑받 는 족발에 대해 아이디어 메뉴를 알아봅니다.

① 족발초무침

족발을 채소를 곁들여 초무침합니다.

족발은 따뜻할 때 먹으면 맛있는데요, 족발이 식으면 초무침을 곁들여 먹 어도 맛있습니다. 채 썬 대파를 초고추장과 마늘, 설탕, 소금, 간장을 넣어 잘 무쳐서 족발과 함께 그릇에 담아냅니다. 이때 족발은 두께를 얇게 썰어서 집어 먹기 좋은 크기로 만드는 게 중요합니다. 초무침 대파와 족발을 한입에 넣으면 새콤함과 동시에 쫄깃한 훈제 족발의 향연이 입안에서 펼쳐집니다.

② 족발국수

족발을 잘게 찢어 국수 위에 얹습니다.

식은 족발을 가늘고 길게 썰어둡니다. 멸치육수로 끓여낸 소면을 그릇에 담아 준비하고 그 위에 썰어둔 족발을 얹어 냅니다. 담백한 국수의 맛에 쫄깃한 족발의 향이 풍미를 더합니다.

③ 불향족발

초벌 구운 족발을 숯불에 재벌합니다.

일반적으로 족발은 오래 끓여 삶아서 쪄낸 방식이 대부분인데요, 불향족발은 1차로 끓여 익힌 족발을 듬성듬성 덩어리로 썰어서 석쇠에 올리고 다시 불 위에 구워 내는 음식입니다.

숯불이나 연탄불 위에서 구워야 그 풍미가 더 좋습니다. 불향족발은 불족발은 아니고요, 매운 족발이 아니라 불향이 특징인 족발입니다.

여러분의 아이디어 메뉴를 기록해 보세요.
한국을 대표하는 시그니처 음식으로 탄생할 수 있습니다!

메뉴명:

만드는 법:

쯔양의 맛&말   족발

부드러운 살코기
자체의 감칠맛이 최고

장소| 서울특별시 동작구 동작대로 『조가네 족발왕』
www.youtube.com/watch?v=E1N_X3nq2yA

" 안녕하세요, 여러분. 제가 오늘은 가게에 나와서 일하고 있는데 저기
옆집에 되게 맛있는 족발집이 있다고 해가지고 오늘 점심으로 먹으러
갈거예요. 블로그에도 막.. 3대 족발보다 맛있다고 써있더라고요.
오~ 족발은 되게 오랜만인데? 오! 여깄다! 바로 옆에 있어요! 바로 옆에! "

"족발 한 입만 먹어봐야겠어. 족발이 입에서.. 녹았어.."

"살코기가 하나도 안 퍽퍽하고 너무 부드러운데?"

"와, 뭐 안 찍어도 맛있다!"

"진짜 맛있다."

나오는 글

한국의 골목식당들이 지켜온 골목 음식 이야기

너무 익숙해서 당연한 것처럼 받아들여지는 일들이 있습니다.

한국의 골목 음식에 대해 잘 알고 계십니까?

유명한 음식 이름은 줄줄이 꿰는 식도락가 미식가일지라도 한국의 골목 음식의 유래에 대해서는, 한국의 음식 맛에 대해서는 선뜻 대답하기 어려운 경우가 있습니다. 게다가 한국 음식의 유래에 대해 진실과 다르게 알고 있는 경우도 많습니다.

식당에서 '서비스(Service)'를 달라고 하면 무료 반찬을 더 주는 나라, 밥이 부족하다면 무료로 밥을 퍼 주는 나라, 어느 식당에서건 김치 반찬이 빠지지 않는 나라, 이사를 왔거나 식당을 열면 이웃에게 떡을 나눠주는 나라, 그러면서도 '찬물도 위아래가 있다'면서 식사예절을 중시하는 나라, 세계를 통틀어 이런 나라가 또 있습니까?

이 책은 그런 한국의 시그니처가 된 골목 음식들의 이야기이면서, 더 나아가 한국인들의 삶과 함께 그 곁을 지켜온 골목식당들에 대한 이야기를 담게 되었습니다.

"골목식당은 언제부터 생겼을까요?"

시간적으로 거슬러 올라가자면, 요즘의 대형 복합쇼핑몰 등장 전이고 기업화된 프랜차이즈 식당들이 거리 곳곳에 자리잡기 전입니다.

6.25 전쟁이 지나간 한반도에는 경제성장 5개년 계획 같은 국가정책이 시작되었고 주요 도시에는 전국 각지로부터 사람들이 몰려들어 '먹고 살 자리'를 만들기 시작했습니다.

그 무렵 서울을 비롯한 주요 대도시와 각 지역에는, 즉 대부분의 주택가 골목에는 '구멍가게'라고 불리던 골목식당들이 많이 생겼습니다. 이른바 생계형 가게라고 할까요? 부모들이 모두 일하러 나간 사이 빈 집에 머물던 당시 아이들에겐 요긴한 먹거리의 천국이기도 했는데요, 맞벌이 하던 부모들은 빠듯한 살림에 아이들이 군것질을 늘리는게 부담이 되어서인지 '불량식품 가게'라고 가지 못하게 막기도 했습니다. 그러나 아이들은 부모 몰래 용돈을 모아 불량식품 가게로 모여들었습니다.

골목가게 그리고 골목식당

국가 경제가 발전하고 일자리가 늘어나면서 돈이 몰리고 사람들이 몰리는 경제성장 시대가 되었습니다. 그러자 서울 등 대도시에는 돈벌이를 찾아 더 많은 사람들이 몰렸는데요, 이 시기에 전국 각지에서 올라온 사람들이 서울의 골목 곳곳을 채워갔습니다.

그리고 그들이 만든 '가게'가 주택가 골목마다 들어섰는데요, 일례로, 서울의 만리동이나 청파동, 서계동, 아현동, 미아리, 봉천동 등, 서민들이 살아가던 동네에서 흔히 볼 수 있는 골목가게들은 만화가게, 미용실, 생선가게, 튀김가게, 실비집, 문방구, 채소가게 들이 좁은 골목 양옆에 늘어서 동네 주민들의 사랑방 역할도 하던 시기가 있었습니다.

어느 동네이건 골목가게를 하려면 그 동네에서 오래 살았던 사람들이어야 했습니다. 왜냐하면 어느 집에 숟가락이 몇 개인지 어느 집 아이가 몇 살이고 부모가 누구인지, 언제 학교에 가고 언제 졸업했는지 모든 걸 다 알아야 했기 때문입니다. 때로는 외상으로 물건을 가져가더라도 어느 집 누구인지 다 알고, 매일 출퇴근길이나 등하교길에 마주치는 사이라서 따로 적어두지 않아도 돈 떼일 염려는 하지 않던 사람들이었죠.

미용실 손님들이라고 해봤자 다 아는 사이라서 미용실 사장이 계모임 계주가 되기도 했고요, 튀김가게 손님들이라고 해도 다 그 동네 아이들이라서 지나가다 그냥 들러 먹어도 나중에 부모가 돈을 내주면 되던 시절 이야기입니다. 동네 어느 집에서 부부싸움이라도 하면 이웃집에서는 그들이 왜 싸우는지, 이번엔 누가 잘못했는지 모든 걸 다 알던 시절이었죠.

그래서 한국의 골목식당엔 한 끼 식사 그 이상의 정(情)이 담긴 음식 이야기가 담겨있습니다. 식당 손님들이 그 동네사람들이라서 식당 안에서 나누는 이야기는 모두 그 동네 이야기였던 것처럼 새로 만든 반찬 있으면 손님 테이블에 더 내주고, 동네 아이 오면 엄마 아빠 갖다드리라며 지난 번 잔치에 못갔으니 축의금 전해준다고 심부름 맡겨도 되는 골목식당들인 것이죠.

그 결과, 이 책에 담긴 이야기들은 우리네 이웃이기도 한 골목식당의 음식들에 대해 대놓고 편파적인 우리네 음식 이야기라고 보일지도 모릅니다.

하지만 뭐 어떻게 하겠습니까? 골목식당들과 함께 우리들이 살아왔고 앞으로도 살아갈 것이기에 조금은 애정을 더 기울여도 되지 않겠습니까?

먼지 뽀얗게 뒤집어쓰며 골목길에서 구슬치기, 딱지치기, 다방구, 술래잡기를 했던 동네아이들이 떡볶이 사먹으러 우르르 몰려오면 물수건으로 손부터 닦아주고 얼굴 씻겨준 후, 천천히 많이 먹으라고 순대랑 오뎅도 더 내주던 분들이 그 골목식당 사장님들이었으니까요.

한국의 자영업자 수는 세계 어느 나라보다 많습니다. 여전히 골목식당은 끊임없이 새로운 메뉴를 개발해 생겨나고 또 사라집니다. 우리의 골목 음식이 풍성한 만큼 골목식당도 건재할 것입니다.

대기업 프랜차이즈 식당이 많은 돈을 들여 근사하게 영업을 시작하지만 오랜 역사와 우리의 정(情)을 담고 있는 골목식당이야말로 서민들에게는 위로의 공간입니다.

그런 골목식당을 쯔양과 함께 응원합니다.

한 끼 식사, 그 이상의 정(情)을 담은 음식 이야기 '한국의 골목식당들'의 역사는 오늘도 계속 됩니다.

❀ 골목식당들은 음식 명칭 순서대로 소개되어 있습니다.

❀ 골목 음식 명칭은 주재료에 따라 세분하였습니다.

❀ 지면 관계상 2021.9.17.~2022.3.17. 소개된 식당들에서 임의 선택하였습니다.

❀ 이 책에 소개되지 않은 골목식당들은 추후 소개해드릴 수 있도록 노력하겠습니다.

❀ 이 책에 소개된 골목식당 정보는 변경될 수 있으므로 방문 전 꼭 다시 확인해주시기바랍니다.

쯔양이 찾아간 골목식당들

쯔양이 운영하는 골목식당『정원분식』

> "
> 생각해보니까, 저희 가게 음식먹방은 처음이네요? 먹을 때마다 맛있는 게 달라서. 매일 먹고 싶은 음식이 달라져요. 짬뽕떡볶이가 제일 잘나가요. 맛있다.. 제 입맛에 맞춰서 만들어졌기 때문에 제가 좋아하는 맛이에요.
> "

다 먹으면 평생무료 2탄! 이봉원 님 이걸 다 드신다구요? 정원분식 먹방

동영상: www.youtube.com/watch?v=-wr8xH31c8M

장소| 서울특별시 동작구 사당로28길 5『정원분식』』

쯔양이 찾아간 골목식당들 1 가리비 찜

순식간에 해치웠습니다... 가리비 135개 먹방

동영상: www.youtube.com/watch?v=2JfAGNXldxw

장소| 서울특별시 송파구 문정동 96-10 『찌마기』

> "
>
> 아, 오랜만에 조개 먹으니까
> 너무 맛있는데?
> 초장에 찍어 먹고,
> 모짜렐라 치즈에 찍어
> 먹으니까 진짜 맛있어요.
> 진짜.. 조개는 언제 먹어도
> 맛있는 거 같아요.
>
> "

쯔양이 찾아간 골목식당들 2 **간장게장**

> 알이 완전 꽉찼어요.
>
> " 양념게장은 약간 매콤한 맛인데요. 느끼한 맛 없이 완전 맛있어요. "
>
> 알천국이야. 어떻게 이렇게 많아요? 다리에도 살이 꽉차 있어요.

게장으로 탑 쌓았습니다 미친 비주얼 간장게장 18마리 먹방

동영상: www.youtube.com/watch?v=fcWQMtEjwJY

장소 서울특별시 동대문구 장안2동 장한로24길 7 『일미간장게장』

쯔양이 찾아간 골목식당들 3 감자탕

곡성 돼지불백 15인분 먹었더니 동네분들이.. 곡성 백반 감자탕 먹방

동영상: www.youtube.com/watch?v=ovyce1nfjfA

장소| 전라남도 곡성군 곡성읍 군청로 49 『본때』

> 졸으면 졸을수록 맛있는
> 국물 맛이야.
> 우거지 양 봐 와~~
> 고기가 막 녹아요.
> 입에서 찐득찐득하게 녹아
> 곡성의 깨비정식과
> 어울리는 국물맛.

쯔양이 찾아간 골목식당들 4 국수

> 옛날 멸치국수 먹는 느낌 나요.
> 진짜.. 어묵 국물이랑 멸치육수가 섞인 느낌? 우아!
> 비빔국수는 고소하고 새콤달콤한 맛이 완전 취향저격...

단돈 1000원 국수..??? 광주 장터국수 전 메뉴 먹방

동영상: www.youtube.com/watch?v=4Cujb7BvlEI

장소| 광주광역시 동구 제봉로194번길 7-1 대인시장 『장터국수』

미친 가격.. 국수가 1000원? 의정부 허니돈 분식

동영상: www.youtube.com/watch?v=rOVZ4kDCWmw

장소| 경기도 의정부시 의정부동 196-28번지 『허니돈』

"

멸치국수가
가성비 짱인 거 같아요.
저렴한데 호불호 없이
음~ 하면서 먹는 맛.
탕수육은
완전 달달한데
안에 쫀득거리고
되게 맛있다.

"

쯔양이 찾아간 골목식당들 5 굴찜

가게 기록 세웠습니다. 행당동 굴찜 굴전 200개 도전ㅋㅋ

동영상: www.youtube.com/watch?v=rWkqKiqyOIA

장소| 서울특별시 성동구 행당로17길 23 『굴과 찜 사랑』

굴찜 굴구이는 무조건 와서
먹어야 돼요. 진짜!
조개랑은 달라요.
조개 먹을 때 그 향도 나는데
확실히 감칠맛이 있어요!
아니, 껍질보다 알이
더 큰 거 같은데? 이 정도면?
이 석화들은 닫혀 있는 것들이
은근히 알이 크고 맛있는 게 많아요.

쯔양이 찾아간 골목식당들 6 과메기

> " 와.. 진짜 하나도.. 그.. 약간.. 딱딱하고 질긴 느낌이 아니라..
> 진짜.. 부드럽고 촉촉하고..
> 김에다 싸먹으니까 더 맛있네~. "

구룡포 대게라면. 포항 과메기와 라면

동영상: www.youtube.com/watch?v=fcWQMtEjwJY

장소| 경상북도 포항시 남구 구룡포읍 삼정리 148-19 『해궁회타운』

쯔양이 찾아간 골목식당들 7 김치찌개

> " 양파가 진짜 많이 들어가요. 제가 분석을 해봤는데 육수가 따로
> 없는 거 같아요. 이게 약간 양파 물이 나와서 육수가 만들어지는 느낌?
> 양파물육수? 아.. 그런 것 같아가지고요. "

전국 1등 김치찌개집! 나만 알고싶은 단골집에서 통돼지 두루치기 먹방

동영상: www.youtube.com/watch?v=GepbPDhL1X4

장소 경기 광명시 기아로 56 『돼지집』

서울 3대 김치찌개? 아이들도 놀란 쌈 싸먹는 김치찌개 먹방

동영상: www.youtube.com/watch?v=go59i01SGhc

장소| 서울특별시 중구 주교동 43-23, 방산시장 『은주정』

> 이게 국물이요..
> 처음에 엄청 얼큰하다가
> 마지막에 그 감칠맛이 막
> 확 돌면서 단맛이 좀
> 느껴지거든요? 그래서
> 적당히 시고
> 정말 적당히 딱 달고
> 밸런스가 아주 좋아요.

깨비정식

곡성 돼지불백 15인분 먹었더니 동네분들이.. 곡성 백반 감자탕 먹방

동영상: www.youtube.com/watch?v=ovyce1nfjfA

장소| 전라남도 곡성군 곡성읍 읍내리 358-1 『생선나라 & 단비』

> "
> 여기는 이렇게 간장양념처럼
> 색깔이 갈색이에요.
> 음~~!
> 살코기 식감이랑 비계가
> 쫀득쫀득한 거까지
> 돼지 자체는 비슷한데
> 양념이 완전 달라요. 음~~!!
> 해물철판이랑 같이 먹으니까.
> "

꼼장어

> 얼마 전에 먹었던 것도 산 꼼장어였는데 약간 냄새가 좀 났는데...
>
> (이건) 냄새가 하나도 안 나고 진짜 불향이 확! 나면서 진짜 맛있다.
>
> 그 식감이 일단은 오독오독하니 쫄깃쫄깃 오독오독~ (맛이) 미쳤어요!

꼼장어.. 구독자님 가게에 몰래 찾아갔습니다. 과연 알아보실까.. 먹방

동영상: www.youtube.com/watch?v=16heS-l0edo

장소 | 경기도 수원시 장안구 장안로 274 『행복한 고기집』

서울에서 제일 큰 대왕닭갈비? 중곡동 특이한 낙지닭갈비 먹방

동영상: www.youtube.com/watch?v=GepbPDhL1X4

장소| 서울특별시 광진구 중곡동 245-1 『춘천골 낙지닭갈비』

> 아~ 맛있다. 아~ 소스가 진해요!
>
> 닭갈비 소스에 약간 해산물 향이 조금 더 더해졌다고 해야 하나?
>
> 닭이.. 엄청 부드럽고 쫄깃쫄깃하고 입안에서 거의 사라졌어요!

쯔양이 찾아간 골목식당들 11 닭강정

우아~ 엄청 바삭바삭하다.
진짜 맛있어요.
소스도 달달하니 너무
자극적이지 않고 맛있어요.
음~~! 맛있다!
닭도 크고 안에 부드럽고
소스가 너무 맛있는데~
일단. 음~~!
와! 양이 진짜 많아요!

한도 무제한카드로 시장털기 70년 전통 만두와 시장 떡볶이 먹방

동영상: www.youtube.com/watch?v=xRyalyl8quc

장소| 대전광역시 동구 중동 81-3, 대전중앙시장 『홍가네』

닭꼬치 몇 개 먹었을까요? 사장님이 박수 치신 닭꼬치 먹방

동영상: www.youtube.com/watch?v=7M6gEUjNrKo

장소| 서울특별시 동대문구 전농동 103-285번지 『다사리야』

> "
> 닭꼬치의 철학이 있어요.
> 뻑뻑한 닭꼬치는
> 닭꼬치가 아니진 않지만..
> 말랑말랑한 닭다릿살 같은
> 그런 닭꼬치 좋아하는데
> 딱 그거예요!
> 완전 촉촉하고 말랑말랑하고..
> 맥주 한잔 생각나는
> 짭짤한 맛이에요! 더 맛있어요.
> "

쯔양이 찾아간 골목식당들 13 닭발

> 우아! 대박! 진짜 쫀득쫀득해요. 완전!
> 사실 무뼈닭발이랑 뼈닭발이랑 약간 식감이 다르잖아요? 뼈닭발 자체가
> 좀 더 약간 살 자체는 맛있는 느낌인데 (이건) 안 뒤처지겠다!
> 와우! 진짜 맛있어! 음~~!!

무뼈닭발 한신포차 매운닭발 드디어 나온 신메뉴 무뼈닭발 먹방

동영상: www.youtube.com/watch?v=XySE2tuCoaQ

장소 경기도 성남시 분당구 서현1동 서현로 210번길, 서현역점 『한신포차』

쯔양이 찾아간 골목식당들 14 도가니

서울에서 9번째? 81년 전통 신설동 도가니 수육 먹방

동영상: www.youtube.com/watch?v=-8wi-fVqTwk

장소| 서울특별시 동대문구 신설동 94-57 『옥천옥』

" 와! 딱 봐도 엄청 쫀득쫀득해보인다. 간장에 찍어서. 이거 소스도
엄청 맛있다, 달짝지근하니. 와, 이게 진짜 이거 생긴 것마다
식감도 살짝씩 다르거든요? 이건 약간 꾸덕꾸덕하고
이거는 진짜 쫀득쫀득하면서 입안에 쫙쫙 달라붙어요. 진짜.
집을 때도 이게 젓가락이 진득진득해지는 느낌? "

쯔양이 찾아간 골목식당들 15 돈가스

> 일단은 돈가스 자체가 엄청 고소하고 돈가스는 또 바삭해야 맛있거든요?
> 와! 돈가스 진짜 맛있다. 소스도 맛있어요, 소스도 맛있는데 진짜 바삭해요.
> 식어도 바삭할 것 같은?

전국 200개 지점 중 최초래요. 돈가스 전 메뉴 먹방

동영상: www.youtube.com/watch?v=0-RhVo6P3zl

장소| 서울특별시 송파구 문정동 56 『이백장 돈가스』

하루에 70개만 만드는 곳? 옛날 기계우동 돈까스방

동영상: www.youtube.com/watch?v=82M8OUA1hKc

장소 | 경기도 수원시 팔달구 남수동 수원천로 316 『옛날 돈가스』

> "
>
> 돈가스, 아, 이게
> 부드러우니까 슬슬 넘어간다.
> 아.. 맛이 생각날 것 같아.
> 이거는 뭔가 비슷한 맛이 있는데
> 안 떠올라요.
> 뭔가 버섯스프 같은 느낌이
> 있기도 하고
> 맛있어요, 맛있는데.
>
> "

쯔양이 찾아간 골목식당들 16 돼지고기

> " 항정살이 원래 좀 기름진 맛이 굉장히 강하잖아요?
> 근데 육즙이 확 나오긴 하는데 일반 항정살 먹는 거보다 더 쫀득쫀득하고
> 그리고 좀 더 담백해요. 식감이 근데 얘가 진짜 두꺼우니까 통통한 게
> 대박이다. 한 입 딱 물면은 진짜 막 우와~ 할 정도로 식감이 좋아요. "

줄서서 먹는 황지살?? 남영동 핫플 상록수

동영상: www.youtube.com/watch?v=9oZUTH09vv8

장소| 서울특별시 용산구 청파동2가 청파로51길 4 『상록수』

쯔양이 찾아간 골목식당들 17 떡갈비

동영상: www.youtube.com/watch?v=PUWwFTzh-zc

단체로 놀라셨어요ㅋㅋ 전국에서 찾아온다는 군산 떡갈비 10인분 먹방

동영상: www.youtube.com/watch?v=PUWwFTzh-zc

장소| 전라북도 군산시 영화동 15-14 『진갈비』

> "
>
> 음~~! 오!! 딱 한 입
> 먹었는데 육즙이 팡!
> 나오면서 고기도 진짜 부드럽고
> 막 육즙이 대박이에요!
> 음~~!! 식감이 되게
> 쫀득쫀득해요!
> 쫄깃쫄깃? 와! 맛있다!
>
> "

쯔양이 찾아간 골목식당들 18 떡볶이

" 약간 쫀득쫀득한 밀떡에 딱 시장에서 먹는 그 떡볶이 맛인데
중독성 있게 맛있어요. 너무 달지 않고 좋은? "

한도 무제한카드로 시장털기 70년 전통 만두와 시장 떡볶이 먹방

동영상: www.youtube.com/watch?v=xRyalyl8quc

장소| 대전광역시 동구 대전로785번길 50, 라동 1층 『에이스 분식』

구독자님 가게에 몰래 찾아갔습니다. 과연 알아보실까.. 분식집 먹방

동영상: www.youtube.com/watch?v=16heS-I0edo

장소| 서울특별시 관악구 신림동 612-27 『이모네 분식』

> 엄청 푸짐해요.
> 김밥이 주먹만하고
> 국수가 대박이다!
> 튀김도 진짜 크다.
> 채소가 이만한 게 어딨어?
> 우아! 손만해! 손!
> 우아, 너무 맛있다.
> 어으~~!! 진짜 좋다.

276

> 이게 그 유명한 국물떡볶이거든요? 국물 한 입 먼저! 흠! 와! 맛있다,
>
> 국물! 어~ 약간 찌개 먹는 느낌인데? 떡볶이찌개?
>
> 떡 먼저 일단 먼저. 떡이 밀떡이에요, 밀떡. 쫄깃쫄깃한 밀떡.
>
> 첫맛은 확 특별하다는 맛이 없었는데.. 먹을수록 땡기고 중독돼요.

서울 3대 떡볶이? 문정동 레전드 국물떡볶이집 먹방

동영상: www.youtube.com/watch?v=DqJ4EqRpA0M

장소| 서울특별시 송파구 문정동 44 『골목분식집』

> "
>
> 오랜만이다, 이런 맛!
> 어렸을 때 먹던 전형적인
> 그 즉떡 맛이거든요?
> 고추장이랑 짜장맛이랑
> 섞인 듯한?
> 아~~! 이거 좋아요!
> 밀떡이 엄청 쫀득쫀득하다.
>
> "

쯔양이 찾아간 골목식당들 19 라면

> "
> 라면은 언제나 맛있습니다.
> 엄청매운데요?
> 와! 진짜 맵다.
> 오~ 맛있다.
> 기분 나쁘게 매운 게 아니라
> 빡! 와요,
> 한 입 먹자마자.
> "

최루탄 해장라면 50년째 끓여온 매운라면? 신촌 최루탄 해장라면

동영상: www.youtube.com/watch?v=BTkB2PiuKeA

장소| 서울특별시 서대문구 연세로 5길 32 『훼드라』

짜장라면

슈퍼에서 끓여주는 짜파게티?! 을지로 대성식품 라면 햄부침 먹방

동영상: www.youtube.com/watch?v=-1OU4tkFJns

장소| 서울특별시 중구 을지로30길 51 『대성식품』

> "
>
> 음~~! 너무 맛있다!
>
> 이게 근데 국물이 많으니까
>
> 되게 잘 들어가네요,
>
> 뻑뻑하지 않고.
>
> 만두랑 같이 먹으니까
>
> 더 맛있네?
>
> 지금 날씨가 좋거든요?
>
> 밖에 테이블 깔고 먹을 수 있어요!
>
> "

오징어라면

"
와! 이게 오징어가 들어가니까
시원한 느낌인데?
오징어가 진짜 야들야들해.
우와! 진짜 맛있다.
안에 오징어가 달라요,
진짜. 원래 그 약간 질기고 좀
퍽퍽한 오징어였으면 이건 진짜
야들야들하고 말랑말랑하고 부드러움!
"

울릉도판 김밥천국? 오징어라면 떡볶이 울릉도분식집 먹방

동영상: www.youtube.com/watch?v=geLAUrLYPWY

장소| 경상북도 울릉군 울릉읍 울릉순환로 212-6 『황소식당』

70년 전통 만두

동영상: www.youtube.com/watch?v=xRyalyl8quc

장소| 대전광역시 동구 원동 62-1, 대전중앙시장 『개천식당』

> " 만두가 진짜 크다! 속! 속이 그냥 아주 진짜 꽉 차 있어요!
> 피는 되게 얇고 야들야들하고 밀가루 맛이 많이 안 나는데 안에는 약간 두부랑
> 고기 맛으로 되게 가득 찬 느낌? 어우! 좋다! 만둣국인데 해장각인데? "

개 천 식 당

개천식당 이북식 만두   T.256-1003

메밀국수

"

맛있다! 되게 쫄깃쫄깃하다!
메밀 함량이 80%라고 들었는데
보통 메밀이 많으면 툭툭
끊기잖아요? 근데 얘는
되게 툭 툭 끊기는 그런 맛이
아니라 쫄깃쫄깃해요.
아~ 너무 좋아.

"

40분 동안 메밀국수 10판 먹었더니.. 사장님도 놀란 메밀국수 먹방

동영상: www.youtube.com/watch?v=bnjvSugjBhY

장소| 대전광역시 서구 둔산중로40번길 28 『미진』

대방어 10kg 먹었더니 사장님들 다 구경 오셨어요

동영상: www.youtube.com/watch?v=-8wi-fVqTwk

장소 인천광역시 남동구 논현동 680 1 소래포구종합어시장 256호 『해심수산』

"
진짜 맛있다. 엄청 쫄깃해요! 그리고 회 두께 보이세요?

와! 꼬리부터 벌써 약간 기름지고 고소한 맛이다. 몸통은 얼마나 고소할까?

와~ 엄청 두껍죠? 등살이라고 하셨거든요? 너무 맛있다.

확실히 꼬리보다 훨씬 기름지고 식감도 똑같이 쫄깃쫄깃한데 조금 더 부드러워요.
"

쯔양이 찾아간 골목식당들 23 보쌈

다 못먹는다 하셨는데..인정 받았어요. 충무로 오래된 팔도보쌈 김치 먹방

동영상: www.youtube.com/watch?v=Mc-vgVeAHycI

장소| 서울특별시 중구 마른내로2길 32 『팔도보쌈』

쯔양이 찾아간 골목식당들 24 불고기

> **"** 와! 이거 제가 진짜 딱 좋아하는 불고기 맛이에요!
> 뭔가 약간 달달하면서, 얘가 딱 달달하면서 짭짤하고
> 그... 전형적인 맛있는 불고기 맛이에요. **"**

인천 30년 전통 불고기 맛집 육개장이 맛있다는 일미정 먹방

동영상: www.youtube.com/watch?v=RiQrl1R2EFE

장소 | 인천광역시 중구 중앙동4가 2-14 『일미정』

삼겹살

밥 사주신다길래 고기 20인분 먹었더니.. 냉삼 김치찌개 볶음밥

동영상: www.youtube.com/watch?v=HLzgIj9j0hs

장소| 서울특별시 송파구 올림픽로32길 19-9 『돈탐라제주냉삼1997』

" 음~~~! 음! 대박. 마늘장 대박! 이게 냉삼인데
진짜 생삼보다 맛있어요. 이게 고기 요기 부분이 쫀득쫀득해가지고
상추쌈도 쌈을 갈치속젓도 넣고 명이나물도. 음! 너무 맛있어! "

장작난로 삼겹살

1미터 철판 삼겹살, 대왕철판에 통김치와 삼겹 먹방

동영상: www.youtube.com/watch?v=Ja4GZqzjJ3Uc

장소| 경기도 광명시 일직동 372번지 『장작난로삼겹살&오리』

> 와~ 진짜 맛있겠다! 고기도 진짜 맛있어 보여요!
>
> 삼겹살 일단 한 입만 먹어볼게요. 음! 비계가 고소해! 맛있어!
>
> 아니 이게 약간 처음엔 착 익었는데 기름칠이 한 번 되니까 별로 안 타네요.

쯔양이 찾아간 골목식당들 26 생새우

"
엄청 크죠?
생새우가 이렇게 큽니다.
간장에 탁 찍어서 처음에는.
진짜 아삭아삭하고 식감이 진짜
완전 탱글탱글해요.
탱탱 탱글탱글 아삭아삭하고
안에는 그 부드러운 맛도 있고.
"

살아있는 새우 100마리 도전.. 절대 못 먹는다는 사장님ㅋㅋ 남당항 새우 먹방

동영상: www.youtube.com/watch?v=1SnDoCYRZUE

장소 | 충청남도 홍성군 서부면 남당항로79번길 2-36 『꽃동산횟집』

독도새우

울릉도7) 기안84님과 독도새우 84마리 먹방 독도는 우리땅!!

동영상: www.youtube.com/watch?v=0CLZIPTCXs4

장소| 경상북도 울릉군 울릉읍 독도리 산 1~96번지

> "
>
> 꽃새우랑 도화새우는
> (맛이) 거의 비슷해요.
> 닭새우는 조금 더 달아요.
> 아~ 진짜 맛있다. 대박!
> 이거 기름장에다 찍어 먹어도
> 맛있어요!
>
> "

샤오롱바오

> 와! 진짜 맛있겠다!
> 샤오롱바오 먼저 먹을게요.
> 이게 탁 터뜨리면 육즙이 팍
> 나오거든요? 와! 진짜 부드럽다.
> 그리고 육즙이 완전 입에 가득 차요.
> 너무 맛있는데?
> 진짜 피가 일반 만두 밀가루 피가
> 아니라 씹는데 약간 쫀득쫀득하면서
> 부드러운 피거든요.

샤오롱바오 줄서서 먹던 만두 맛집? 방이동 만두 9판 먹방

동영상: www.youtube.com/watch?v=fENTdaloJYw

장소| 서울특별시 송파구 방이2동 올림픽로32길 52 『서두산 딤섬』

소고기+짜파게티 조합, 방배동 명랑식당 소고기 특수부위

동영상: www.youtube.com/watch?v=z7YR9ftkwB0

장소| 서울특별시 서초구 방배중앙로25길 『명랑식당』

"

와! 제비추리, 맛있겠다!
토시살도 같이 구울게요!
와~ 색깔이 예술인데?
소고기는 금방 먹을 수 있는 점이
진짜 최고인 것 같아요.
제비추리를 소금에만
딱 찍어가지고 본연의 맛...
되게 담백한데 엄청 고소하고
육향이 진짜 좋고요.

"

한우연탄구이

의심하던 사장님 반전ㅋㅋ 태백 40년 전통 한우연탄구이 3kg

동영상: www.youtube.com/watch?v=ytgDdVzUUy8

장소| 강원도 태백시 황지동 38-313 『현대실비』

> 연탄 소고기라니?
> 소고기 안 그래도 맛있는데
> 연탄에다 구워 먹으면
> 얼마나 맛있을까?
> 연탄이라서 그런지 진짜 빨리
> 구워져요. 잘 익은 채끝,
> 소금에 살짝 찍어서.
> 흠! 연탄향이 싹 배가지고
> 되게 향이 좋고 그리고 씹는 맛이
> 좋아요, 씹는 맛이 있어요!

칡소구이

소는 키워도 저는 못키운대요 현지인도 놀란 칡소 30인분 먹방

동영상: www.youtube.com/watch?v=w6bl16AWWJo

장소| 경상북도 울릉군 서면 남양리 647-1 『상록식육식당』

" 와! 육즙 대박이다! 식감이 약간 달라요. 식감이 진짜 그냥 쫄깃쫄깃해요.
돼지고기 먹을 때 항정살 먹으면 아삭아삭한 것처럼 그렇게 쫄깃쫄깃해요.
부드러운 고기 느낌이랑 좀 다른 거 같아요. 엄청 쫄깃쫄깃해요. "

숯불소 깨비

곡성 돼지불백 15인분 먹었더니 동네분들이..곡성 백반 감자탕 먹방

동영상: www.youtube.com/watch?v=ovyce1nfjfA

장소| 전라남도 곡성군 곡성읍 읍내리 235-1 『메란명가』

소곱창 19인분 먹었더니.. 은평구 신사소곱창

동영상: www.youtube.com/watch?v=nOoAc-IZ8i4

장소| 서울특별시 은평구 신사동 7-24 『신사한우곱창』

> "
> 곱창이 원래 고소한가?
> 왜 이렇게 고소해?
> 이게 이렇게 바삭바삭하게
> 익은 것도 맛있을 것 같아요.
> 근데 이게 곱이 되게 촉촉하다고
> 해야 되나? 맛있다.
> 곱이 한 번에 확 터져가지고 진짜
> 와.. 입안에 지금 난리 났어요.
> 하지만 맛있다.
> "

오랜만에 20인분 먹고 오케이 받았어요 역대급 소곱창 먹방

동영상: www.youtube.com/watch?v=GPBfFGgLQSs

장소| 서울특별시 마포구 마포대로 173-14 『곱창 파는 고깃집』

> 와! 제가 곱창... 이거 베스트3다! 진짜! 우아! 곱이 무슨...
> 완전 가득! 꽉 꽉 차 있어요! 껍질이 되게 얇은데 안에 곱이 가득 차 있거든요.
> 너무 맛있는데, 이렇게 맛있어도 돼요? 진짜 맛있다.

튀김순대가 미쳤다는 곳.. 구반포 40년 전통 미소의집 즉석떡볶이

동영상: www.youtube.com/watch?v=XhUJ-ChfPQw

장소| 서울특별시 서초구 반포동 885번지 반포한신종합상가 지하2층 『미소의 집』

"

이게 진짜 겉바속촉의 끝판왕이라고
해야 되나? 얇은 튀김의 느낌 바삭한
느낌이 살짝, 쫀득쫀득한 튀김의
그 식감이 진짜 미쳤어요!
소스도 한 번 이렇게 찍어가지고..
초장소스인줄 알았는데 아니네?
소스 맛있다!
진짜 튀김소스 미쳤어요! 왜 튀김순대
먹으러 온다는지 알겠네!

"

스테이크

저보다 많이 드신다구요? 목살 스테이크 3kg

동영상: www.youtube.com/watch?v=gTK1frnLsxo

장소| 서울특별시 마포구 동교동 159-4, 1호점 『서가앤쿡』

> " 와, 식감이 진짜 너무 쫀득쫀득하고 막 부드러워요. 지방이 쫄깃쫄깃한 느낌?
> 와! 목살 두께 봐! 이게 돼지목살이거든요. 아, 진짜 두툼해요 그리고 고기가요
> 아삭아삭하고 쫄깃쫄깃하다고 해야 하나? 식감이 되게 좋아요. 진짜 맛있어. "

알탕

1시간 기다렸습니다. 전국 원탑 알탕집 까치둥지? 알만 10인분 먹었더니..

동영상: www.youtube.com/watch?v=PWWm9Cy4GiY

장소 강원도 원주시 단구동 치악로 1731 『까치둥지』

" 알 진짜 깔린 거 보이세요? 알 봐바. 미쳤어! 알이 진짜 크고 통통해요.
이거 보세요. 알이 하나도 안 뻑뻑하고 진짜 부들부들거리면서 겉에는 약간
그 쫄깃한 식감 딱 깨물면은 입안에서 막 그 알이 완전 확 난리났어! "

양꼬치

양꼬치 몇개 먹었을까요? 500원 양꼬치 ???개 먹방

동영상: www.youtube.com/watch?v=2FhCVd2qNuo

장소| 서울특별시 광진구 중곡동 109-21번지 『500원 양꼬치』

> 다 익은 거 같습니다. 음! 너무 맛있어! 와! 입에서 녹는다, 녹아! 잡내 같은 거 하나도 없어요. 양갈비 진짜 레전드다! 완전 겉바속촉? 약간 그 얇은 바삭바삭한 껍질 씹히듯이 딱 씹히는데 안에는 또 쫀득쫀득 부드러워요.

양갈비

> "
>
> 진짜.. 고기가 쫄깃쫄깃하고
> 퍽퍽하지 않고 되게 야들야들하니
> 엄청 맛있어요. 고기가 좋아서
> 레어로 구워도 향이 진짜 좋아요.
> 음~ 엄청 맛있어!
> 엄청 잘 어울려요, 가지랑 파랑.
> 뼈에 붙어 있는 살 안 질기고 엄청
> 부드러운데? 이 살이 너무
> 야들야들해서 맛있어요!
>
> "

오랜만에 20인분 먹고 오케이 받았어요 역대급 양갈비 먹방

동영상: www.youtube.com/watch?v=GPBfFGgLQSs

장소 | 서울특별시 구로구 구로동 디지털로34길 43 『라무진』

가게에 어묵 전부 털기. 명일동 부산진오뎅

동영상: www.youtube.com/watch?v=uoVQb2OXhzM

장소| 서울특별시 강동구 명일동 47-6번지 1층 5호 『부산진오뎅』

> 기본 꼬불이 어묵부터 먹어볼게요.
> 와~ 이 꼬불이가 원래 한입에
> 들어가는 게 있고
> 한입에 안 들어가는 게 있는데
> 얘는 커서 한입에 안 들어가요.
> 제가 맨날 그 떡볶이 파는 데서
> 어묵 파는 거 보면서
> 다 먹고 싶다 생각 많이 했거든요.
> 몸이 따뜻하니 녹는 거 같아요.
> 어묵 식감이 뽀독뽀독 맛있다.

어복쟁반

3대째 내려오는 손만두. 천안 어복쟁반 소고기수육

동영상:www.youtube.com/watch?v=jEM5_8SsSVE

장소| 충청남도 천안시 서북구 불당동 246-32 『그니식당』

> "어~ 맛있어. 진짜 진한 고기향이! 와! 엄청 진해요. 이거 뭔지 아시죠?
> 사태예요, 사태. 와! 입에서 사르르 녹아! 되게 부드러워요. 안심 먹는 것처럼!
> 살코기가 이렇게 많으면 솔직히 약간 뻑뻑할 법도 하잖아요? 이게 어복쟁반이
> 평안도 음식인데 추운 날에 따뜻하게 다같이 둘러앉아서 먹는? 그런 음식이래요."

> "
> 와! 진짜 내장이
> 하나도 안 쓰다. 내장이 달아요.
> 역시 현지 와서 먹으니까
> 안 쓰네요.
> 생긴 건 이래도 진짜 고소하고
> 맛있어요! 약간 빨간색
> 내장이네? 특이하다.
> 와! 엄청 진해요, 내장이.
> 진함 그 자체.
> "

울릉도11) 먹방 구경하러 다 모이셨어요 우진이네 오징어통찜 라면 먹방

동영상: www.youtube.com/watch?v=QWtvZ6NfNJ8

장소| 경상북도 울릉군 서면 태하리 545 『우진이네』

쯔양이 찾아간 골목식당들 38 육회

예약없이 가기 힘든 한남동 맛집? 생고기+○○ 레전드조합 16접시

동영상: www.youtube.com/watch?v=-e0ERP2rFkY

장소| 서울특별시 용산구 한남동 657-142 『한남미수』

"

그냥 먹어도 맛있다!
그런데 이거 말씀하신대로 이거 계란
풀어가지고... 잠깐만 나 이거
하나하나 먹기가 너무 아까운데?
육회에 성게를 얹어서 노른자
찍어 먹어볼게요. 우아! 진짜 그냥
이 세상 고소함은 다 모아놓은 느낌!
고소함이 폭발해요 진짜!

"

쯔양이 찾아간 골목식당들 39 육회탕탕이

역대급 사장님 리액션ㅋㅋㅋ 목포 소고기 탕탕이와 볶음밥 20인분 먹방

동영상: www.youtube.com/watch?v=qezd7DRa8XM

장소| 전라남도 목포시 옥암동 1002-7 『명진맛집』

> 와! 엄청 움직여 얘네 난리났어요 지금! 육회부터 일단 한 입! 음? 와! 맛있
> 다! 산낙지도 이렇게 같이 해가지고... 제가 산낙지를 잘 못 먹지만 한번
> 먹어보겠습니다. 기름장에 살짝 찍어서. 음! 맛있어! 육회랑 산낙지의
> 쫄깃함이 너무 잘 어울려요. 이래서 육회탕탕이라고 그러는구나!

305

쯔양이 찾아간 골목식당들 40 　잡채밥

잡채밥이 유명한 45년 전통 중국집? 짜장면 짬뽕 탕수육

동영상: www.youtube.com/watch?v=jo-HOeXozr0

장소| 서울특별시 성북구 보문동1가 고려대로1길 35-1 『안동반점 』

" 시그니처! 잡채밥! 잡채밥이 이렇게 그냥 일반 밥이 나오는 게 아니라
복음밥이랑 나와요. 잡채 양도 엄청 많다. 여기 양이 많다! 이렇게 해서
비벼가지고 잡채를...음! 맛있다! 면이 진짜 쫀득쫀득해요. 당면 아닌가?
당면 맞는 거 같은데 왜 이렇게 쫀득쫀득해? 음! 복음밥 맛있네! "

전

추석이라 전 500개 정도 부쳤습니다

동영상: www.youtube.com/watch?v=OQMrogNS8LA

장소 서울특별시 동작구 사당동 동작대로7길 19 『전주전집』

"

와~ 맛있겠다! 제가 만든 거예요.

진짜 맛있다.

제가 구워가지고 덜 익었으면

어떡하나 했는데 딱 익었어요!

동태전! 맛있엉!

아니, 꼬지전이 이렇게 큰 게 실환가?

이거 하나에 몇천 원짜리 같은데?

여기 전이 큰가 봐요. 엄청 크네.

"

쯔양이 찾아간 골목식당들 42 주꾸미

웨이팅은 기본! 제일 유명하다는 주꾸미 용두동 나정순할매 쭈꾸미

동영상: www.youtube.com/watch?v=ly80EP6v01s

장소| 서울특별시 동대문구 용신동 119-20번지 『호남식당 』

> 음! 맛있어! 와, 맵다! 이게 매운 맛이 확 올라오는데 되게 약간 얼큰하고
> 알싸하게 매우면서 약간 스트레스 풀리는 매운 맛이다~. 처음에 약간 단맛이
> 느껴지거든요? 그래서 약간... 단짠이 그게 적절하다고 해야 되나?

쯔양이 찾아간 골목식당들 43   조개전골

혼자서 매출 1등 찍기 사장님도 신기해서 촬영하신 대왕조개찜먹방

동영상: www.youtube.com/watch?v=H9mug1r0UcY

장소| 서울특별시 대전광역시 유성구 신성동 137-14 『수 조개전골 』

> 와, 이거 키조개, 간장에다가. 음? 와! 완전 쫄깃쫄깃해요 진짜!
> 이거 홍가리비. 홍가리비를 뜯어서, 와! 이 야들야들한 거 봐. 저는 전복은
> 기름장이 좋아요. 기름장에다 찍으니까 훨씬 맛있는데?

쯔양이 찾아간 골목식당들 44　족발

동영상: www.youtube.com/watch?v=E1N_X3nq2yA

옆집에 3대 족발급 맛집이 있다길래.. 옆집 사장님도 놀란 통족발 먹방

장소| 서울특별시 동작구 동작대로 23길 21 『조가네 족발왕』

"
일단 족발 한 입 먹어봐야겠어. 와! 족발이 입에서 녹았어. 진짜 맛있다.
엄청 야들야들하고 여기가 콜라겐이 진짜 많아요. 저 콜라겐 많은 거 좋아하거든요.
콜라겐이 진짜 이렇게 한가득 엄청 많고 살코기가 하나도 안 퍽퍽하고
너무 부드러운데? 와! 뭐 안 찍어도 맛있다.
"

족발전문점
조家네 족발왕
T.522-2777

한방족발
36,000

> "
> 와! 딱 그 진짜...
> 그 옛날짜장맛 있잖아요?
> 단맛이 많이 없어요.
> 단맛이 많이 없고 이게 약간
> 묵직한데 그 진짜 어렸을 때 먹던
> 옛날짜장맛이 많이 나요.
> 와, 고기! 고기도 큼직큼직합니다.
> 음! 되게 짜장이 엄청 진하다.
> 춘장이 진하다고 해야 되나?
> "

101년 된 중국집? 동네 어르신도 놀라신 짜장면 짬뽕 먹방

동영상: www.youtube.com/watch?v=gKHd2I0KmgQ

장소 | 경기도 평택시 통복동 85-17 『개화식당』

유니짜장

> 소스가 되게 진해요.
> 엄청 진하고, 그리고 이게
> 저 유니짜장 처음 먹어보거든요?
> 일단 채소가 크지 않고
> 다 갈려있고 고기도 엄청 많이
> 갈려있어가지고 되게 맛있어요.
> 우아! 맛있다. 고기가
> 다 갈려있어가지고 면을 들어올릴
> 때도 고기랑 같이 씹혀요.

유니짜장 맛집?? 인천 차이나타운 먹방

동영상: www.youtube.com/watch?v=F7X1tougqpk

장소| 인천광역시 중구 선린동 22 『태화원』

짜장면밥

짜면밥이 맛있는 40년 전통 기사식당? 기계짬뽕 우동 짜장 먹방

동영상: www.youtube.com/watch?v=XWJTe4a-R3c

장소 서울특별시 동대문구 장안동 375-4 『기사님분식 원조짜장우동』

"
이렇게 하면 일석이조인데?

짜장밥도 먹고 면도 먹고?

와! 싱겁지도 않고 짜지도 않고.

딱 좋아요!

휴게소 짜장에서 진화한 맛?

음? 맛있어!

하나 다 먹어버렸는데?

잠깐만.
"

짬뽕

처음으로 먹다가 포기했어요.. 총 9단계 매운맛. 신림동 짬뽕갑

동영상: www.youtube.com/watch?v=JUIQs7ytf5U

장소| 서울특별시 관악구 신림동 신림동7길 8 『짬뽕갑』

> "
> 음. 0.5단계는 맛있어요!
> 감칠맛이 아주 착 나면서 맛있는
> 정도의 맵기? 오! 짬뽕 진짜 맛있다.
> 면에 국물이 엄청 잘 배어있고
> 국물 자체가 되게 구수하면서
> 짜지 않고 되게 맛이 강해요.
> 0.5 단계 안 맵습니다. 얼큰한 정도?
> 최근에 먹은 짬뽕 중에 제일 맛있다.
> "

전복해물짬뽕

울릉도4) 전부 못먹는다에 내기 거셨다가.. 독도반점 중식 먹방

동영상: www.youtube.com/watch?v=Xvf7fTt9MFA

장소 경상북도 울릉군 울릉읍 도동1길 43 『독도짬뽕점 독도반점』

> ❝
>
> 비쥬얼은 해물짬뽕이라서
> 비슷한거 같은데
> 이게 조금 더 푸짐한 거 같은데.
> 맛있겠다. 일단, 국물부터 한 입.
> 어? 오! 음! 되게 진한데.
> 잠시만요, 표현이 항상 힘들어.
> 네? 맞아요! 깔끔해요!
> 진짜 국물 자체가 엄청 진하거든요?
> 근데 그렇게 자극적이지 않고
> 되게 깔끔하면서 진짜
> 개운한 맛이에요.
>
> ❞

소개팅 나가서 닭 4마리 먹었더니.. 도망가셨어요
소개팅남 최준님 앞에서 찜닭 먹방

동영상: www.youtube.com/watch?v=aFYx-qcWaYw

장소| 서울특별시 광진구 구의동 70-6 『두마리찜닭』

"

이게 그 맛있다는 트러플크림찜닭?

맛있겠다. 음? 대박!

진짜 맛있어요. 반할 거 같아요.

크림류가 많잖아요?

이런 거는 처음 먹어봐요.

트러플 향이 엄청 세가지고

그런데 약간 덜 느끼한게 살짝

매콤함도 있어가지고 크림이랑

트러플이랑 되게 잘

어울린다고 해야 되나?

"

쯔양이 찾아간 골목식당들 48 　초밥

사장님이 접시가 모자라대요. 신림동 1200원 회전초밥 ○○○접시

동영상: www.youtube.com/watch?v=J7jeKk3BN00

장소| 서울특별시 관악구 신림로 324 2층 『스시나마 』

> 음! 맛있다. 회가 약간 두툼해가지고 식감이 되게 아삭아삭하고 좋은데요?
> 이건 뭐야? 하얀살, 광어인가? 광어처럼 생겼는데? (육사시미 초밥) 육회 소스 같은
> 게 발라져 있거든요? 되게 고소해요. 오! 연어가 아니라 이불이었어! 엄청 두꺼워요!

초밥

> 울릉도 오고나서
> 처음 먹는 초밥인데
> 잘 먹겠습니다.
> 음. 맛있다.
> 초밥이 맛있네요.
> 촉촉해요.

울릉도10) 4대1 대결했습니다 한사랑 산악회랑 초밥 200개 대결 먹방

동영상: www.youtube.com/watch?v=R-NjhsmMy9U

장소| 경상북도 울릉군 울릉순환로 214-1 『독도초밥참치』

초밥

이거 100개 양인데.. 초밥 3배 크기 대왕연어초밥 먹방

동영상: www.youtube.com/watch?v=q8bb5sCliWE

장소: 충청남도 천안시 동남구 신부동 816번지 대흥빌딩 1층 104호 『스시린』

"
일단은 이 대왕연어초밥 먼저
먹을게요. 진짜 맛있어 보이거든요?
일반 초밥 3배는 넘을 거 같은데요?
이게 연어초밥, 아.. 4배는
되겠다, 4배. 이거 뒤집어보면
더 대박이에요. 밥 양이. 내 밥!
떨어뜨렸는데 그래도 많아요.
짱 맛있어! 대박이야.
연어가 입에 가득 차요, 진짜로.
와~ 진짜 맛있어요!
"

쯔양이 찾아간 골목식당들 49 칼국수

1968년 개업 54년전통 칼국수? 청량리 줄서서 먹는 혜성칼국수

동영상: www.youtube.com/watch?v=dcxQA9WRuq8

장소| 서울특별시 동대문구 왕산로 247-1 『혜성칼국수』

"

와! 맛있겠다. 양이 진짜 많아요.
이거 면이 다 아침마다 이렇게
수타로 만드신대요.
와! 면이 쫄깃쫄깃하니 맛있다.
여기 국물이 진짜 진해요.
감칠맛이 엄청난데. 짜지 않으면서
진한 그런 육수? 면을 이렇게 직접
이렇게 반죽해서 자르시나봐요.
어우! 진하다.
면이 밀가루 맛이 안 나서 좋다.

낙지칼국수

다 먹으면 죽을수도 있대요. 이천 줄서서 먹는 소문난 면낙지

동영상: www.youtube.com/watch?v=_w9_o7ihRrw

장소| 경기도 이천시 관고동 10-2 2층 『소문난 칼국수』

> 이거 칼국수인데 비쥬얼이 거의 낙지볶음이거든요? 그럼 국물 한번 먹어보자.
> 먹어보고 판단해야겠다. 음! 맛있다. 소스가 약간 고소하면서 살짝 매콤하고
> 그리고 낙지볶음 맛이 가장 강해요. 와~ 면 양이 진짜 많다. 불까봐 약간 걱정되는데.
> 빨리 먹겠습니다. 와! 딱 그거다! 그 낙지볶음 맛있는,
> 맛있고 고소한 낙지볶음에다가 칼국수 사리 넣어먹는 느낌? 와~ 끝내준다.

튀김칼국수

> 여기가 40년이나 된 곳이래요.
> 40년 전통의 칼국수를 하는 집인데
> 여기 위에 올라간 튀김이... 신포가
> 닭강정이 되게 유명한데... 그 닭강정
> 튀김이 들어간다고 하더라고요.
> 근데 양이 진짜 많은데?
> 그 바삭한 튀김옷 들어가 있거든요?
> 음! 진짜로 닭강정튀김 맞네!
> 음! 맛있다. 생각보다 약간 칼칼한
> 맛이에요.

하루 4시간만 영업하는 집? 인천 40년 전통 튀김칼국수 떡볶이 먹방

동영상: www.youtube.com/watch?v=8hWQnvVvLHQ

장소| 인천광역시 중구 신포동 55 『맷돌 칼국수』

따개비칼국수

울릉도6) 울릉도에만 있는 국수? 현지인 추천 홍따밥과 따개비칼국수 먹방

동영상: www.youtube.com/watch?v=vHVVjeq_H9A

장소| 경상북도 울릉군 울릉읍 도동순환로 212-8 『삼정본가』

> 칼국수 색깔 보이세요?
> 색깔 진짜 진하다! 이 무슨! 와!
> 음! 와! 이거 진한데?
> 국물이 일반 칼국수 국물이랑
> 확실히 다르고요. 엄청 넓적해요,
> 면이. 약간 두 개가, 면 두 개가
> 붙어있는 것 같은 느낌?
> 음! 칼국수가 찐인데?
> 칼국수가 진짜 맛있어요!
> 엄청 국물도 진하고.

쯔양이 찾아간 골목식당들 50 쿠키

> 음! 맛있는데? 안에가 촉촉해.
> 겉바속촉이야. 우아! 안에 들어있는
> 이거 뭐야? 맛있다. 진짜. 맛있다.
> 나 이거 안 먹어봤거든. 맛있는데요,
> 진짜. 너무 많이 안 달아서 좋다.
> (말차르뱅쿠키) 이거다!
> 내가 저번에 먹었던 거. 저번에 너무
> 맛있게 먹었거든요?
> 쿠키 그렇게 잘 안 좋아하는데
> 이건 진짜 먹어본 쿠키 중에
> 베스트에요, 베스트.

하루 매출 3만원인 가게 최고매출 찍기

동영상: www.youtube.com/watch?v=kvXlRgISLog

장소| 경기도 평택시 평남로 661 1층 『곰제트』

쯔양이 찾아간 골목식당들 51 탄탄면

성공자 단 4명? 다먹으면 공짜 대왕 점보탄탄면 도전먹방

동영상: www.youtube.com/watch?v=hD-rCascWOQ

장소| 서울특별시 용산구 동자동 35-141 『유키사키』

> " 이게 계란도 5개 들어가 있고요, 차슈도 엄청 많이 들어가 있어요. 근데 진짜 맛있겠다.
> 너무 급하지 않게 좀 맛있게 음미하면서 먹겠습니다. 너무 빨리 먹으면 맛이 안 느껴져가
> 지고. 국물부터 한 입. 맛잇어~ 면이 안 불고 잘 익었어요. 탱글탱글해요.
> 계란이 아까부터 먹고 싶었어. 탁 터뜨리면 이렇게 노른자 나와가지고. 와! 대박! 음!
> 완번 반숙이다. 아, 이게 되게 구수하고 맛있어요. "

토스트

대표님이 놀라셨어요 연매출 650억?? 허경환님과 이삭토스트 먹방

동영상: www.youtube.com/watch?v=eNosh34BDPo

장소 | 서울특별시 송파구 문정2동 324-8 지하1층, 문정역점 『이삭토스트』

"

이거부터 한번 먹어볼게요.

허니갈릭햄치즈라고 해가지고.

되게 두꺼워요.

음! 겉에 빵이 엄청

바삭바삭해가지고 진짜 맛있다.

안에 햄치즈, 딱 그 맛인데

조금 더 달달한 거 같고

빵이 되게 맛있어요.

안쪽으로 갈수록 더 맛있다.

"

직원분이 충격이래요.. 1인 화덕 고피자 7판 먹방

동영상: www.youtube.com/watch?v=nZ0r__kPHjQ

장소| 서울특별시 마포구 독막로19길 32 『고피자』

> 이게 1인 화덕피자인데 크기가 손보다는 좀 더 크고... 혼자서 보통 이 정도 먹나요?
>
> 모자르지 않을까? 이게 곰 모양 치즈가 올라가 있어요. 곰치즈. 귀엽당.
>
> 맛있다. 피자 자체가 되게 맛있네. 약간 되게 크림 느낌인데 매콤한 크림?
>
> 할라피뇨가 들어가서 그런지 느끼한 게 없는 게 약간 갈릭 향의 맛있는?
>
> 음! 화덕피자라서 그런지 화덕 향이 너무 좋아요.

쯔양이 찾아간 골목식당들 54 함박스테이크

문래동 핫플레이스? 찐맛집 함박스테이크

동영상: www.youtube.com/watch?v=4K6I8tXP_MM

장소| 서울특별시 영등포구 경인로72길 6 『고동함박』

> 와! 육즙 보이세요? 육즙 무엇?
> 누르면 나와? 오~~ 육즙이 그냥
> 콸콸 나오는데?
> 이렇게 소스를 잔뜩 묻힌 다음에...
> 와! 육즙이 대박이다! 너무 맛있어요!
> 고기 자체도 되게 맛있거든요?
> 근데 소스도 맛있어, 다 맛있어! 와,
> 나 함박 좋아하네? 너무 맛있다.

쯔양이 찾아간 골목식당들 55　호떡

한도 무제한카드로 시장털기 70년 전통 만두와 시장 떡볶이 먹방

동영상: www.youtube.com/watch?v=xRyalyl8quc

장소| 대전광역시 동구 중동 81-3, 대전중앙시장 『시장 호떡』

"
와! 호떡이 왜 이렇게 커요?

음~ 너무 맛있어.

호떡이 얼굴만 해!

겉에가 과자처럼 살짝 바삭한데

안에는 진짜 쫀득쫀득하고

꿀도 맛있어요.

음~ 너무 맛있다!

밀가루 같은 느낌이 하나도 없어.
"

부록

1. 골목식당 상호 및 메뉴 상표 등록 방법

골목식당 사장님들의 애로사항을 듣다 보면 항상 그 문제는 의외의 부분에서 발생합니다. '당연히 이럴 것이다'라고 생각하던 부분에서 '사실은 그렇지 않다'는 경우들이 발생하는데요, 여러 가지 일들 가운데 '상표' 문제가 큽니다.

생각해보죠.

A 식당에서 새롭게 선보이는 메뉴가 큰 인기를 끌었습니다. 이 메뉴의 명칭을 상표로 등록하려고 하는데 다른 사람이 이미 등록을 한 것을 알게 됩니다. 분명히 A 식당 사장님이 처음 만든 건데 누군가 다른 사람이 상표를 등록한 것이죠.

누가 그런 것인지 수소문해서 찾아보면 정말 의외로 단골손님이 그랬을 수도 있고, 직원이 그랬던 경우도 있습니다. 이런 경우, 상표는 '선출원 우선주의'를 적용받기 때문에 극히 예외 사유가 아닌 이상, 그 상표를 먼저 출원한 사람으로부터 상표에 대한 권리를 돌려받을 수 없습니다.

이런 경우도 있죠. B 식당 음식이 맛있기로 소문이 나서 유명해졌는데 다른 식당에서 연락이 온 거죠. 자기 식당 이름을 가져다 썼으니 상호를 바꾸라고요. 이미 고객들에게 알려진 상호를 바꿀 수 없다고 주장했지만 상호를 등록해 놓지 않았으니 법적으로 대처할 방법이 없었답니다.

이처럼 상호나 메뉴를 미리 상표 등록 해 놓지 않을 경우 낭패를 당하는 경우가 종종 발생합니다.

'아닌데, 그 이름은 내가 먼저 생각한 건데.'
'그 상표는 내가 이 메뉴 출시하면서 제목으로 붙인 건데.'

이렇게 주장을 해도 소용이 없습니다. 우연히 유사할 수도 있고, 우연히 같은 상표가 출원되었을 수도 있습니다. 아니면 정말 누군가 나쁜 마음으로 여러분 메뉴의 이름으로 상표 출원을 했을 가능성도 있을 것입니다.

그러나 특허는 '선출원주의'라고 해서 무조건 먼저 출원한 사람에게 권리가 있습니다. 1초라도 늦게 출원한 사람은 권리를 가질 수 없게 됩니다. 물론, 상표나 디자인이 '저명할 경우'에는 사정에 변수가 생기기도 합니다만, 특별한 사정이 없는 상황에서는 먼저 출원한 사람에게 권리가 주어집니다. 여러분이 애써 노력한 연구의 결과물인데 정작 권리를 소유하지 못하는 억울한 상황이 생기게 되는 것이죠.

이러한 결과를 방지하기 위해서 식당의 이름이나 메뉴의 명칭을 만들 때는 먼저 해야할 일이 있습니다. 바로 상표 등의 특허권을 등록하는 것입니다. 내가 먼저 상호나 메뉴의 이름을 독점적으로 사용할 권리를 확보해두는 것입니다.

작은 규모로 운영하는 골목식당의 경우 이 부분을 소홀하게 생각할 수 있습니다. 또한 법적인 절차를 어려워하고, 비용 문제도 부담스러워 꺼리는 분들도 계십니다. 그러나 내가 먼저 개발한 고유하고 기발한 상호와 메뉴 이름을 빼앗기지 않고 지키기 위해서도 이 과정을 반드시 필요합니다.

상표권이란?

상표권은 등록된 상표에 대한 배타적, 독점적 권리를 말한다.

상표권의 대상 종류는 상표와 영업표, 연합상표, 표장 등이 있다.

상표는 생산 · 제품 · 가공을 증명하거나 판매업자가 자기의 상품을 타업자의 상품과 식별하기 위하여 상품에 직접 표시 사용하는 기호 · 문자 · 도형 또는 결합이 특별하고 현저한 것을 말한다.

영업표는 상품에 직접 상표를 표시할 수 없는 영업을 하는 자가 광고 · 포장물 · 용구 · 문방구, 기타 사무용품 등에 표시하여 자기의 영업을 일반에게 식별시키기 위하여 사용하는 기호를 말한다.

연합상표는 동종상품에 사용할 자기의 상표로서 서로 유사한 상품을 말하며, 표장은 영리를 목적으로 하지 아니하는 영업을 경영하는 자가 그 취급하는 상품에 일정표식을 사용하고자 하는 것을 말한다.

따라서 상표권이란 동종의 타인상품과 구별하기 위하여 특정상품에 문자, 도형, 기호, 색채 등에 의하여 표상하는 상표의 전용권(專用權)을 말하며, 상표법에 의하여 등록상표 · 서비스표 · 단체표장 및 업무표장에 관해 이를 일정기간 독점적 · 배타적으로 이용할 수 있는 권리이다.

상표권의 법적 성질은 공업소유권(工業所有權)의 일종으로 사권, 절대권, 지배권, 무체재산권 등의 성격을 가지며, 양도 또는 상속할 수 있으며 저당권 설정이 가능하다. 기업회계기준서에서는 특정상표가 상표법에 의하여 등록되어 이를 일정기간 독점적 · 배타적으로 이용할 수 있는 권리를 무형자산인 산업재산권계정에서 처리하도록 규정하고 있다. 상표권의 존속기간은 상표법에 의하면 10년으로 되어 있으며 또한 갱신이 가능하고, 세법상 내용연수는 5년으로 되어 있다. (소득세법시행령 제41조, 상속세및증여세법 제5조 제1항 제11호)

상호 및 메뉴 이름 상표 등록하는 방법 알려드릴게요!

특허라고 해서 비용이 비싼 것이 아닙니다. 변리사에게 맡기지 않고 여러분이 직접 출원하고 등록할 수 있으면 비용도 대폭 낮아집니다. 그 과정이 크게 어려운 것도 아닙니다.

지금부터 하나씩 설명드리겠습니다. 소개한 순서대로 진행하면 쉽게 상호 및 메뉴 이름을 나만의 것으로 특허 등록할 수 있습니다.

1. 인터넷에서 〔특허로〕에 방문합니다.

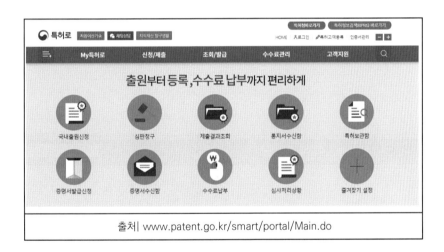

출처| www.patent.go.kr/smart/portal/Main.do

〔특허고객등록〕을 하고 〔로그인〕을 합니다.

여러분이 선택한 방법으로 로그인이 됩니다. 저는 공동인증서로 로그인해보겠습니다.

2. 〔로그인〕된 화면입니다. 화면에 보유 권리도 표시되고 온라인에서 출원도 할 수 있습니다.

〔웹에서 서류 제출하기〕에서 〔상표〕를 선택해봅니다.

새 창이 열립니다.

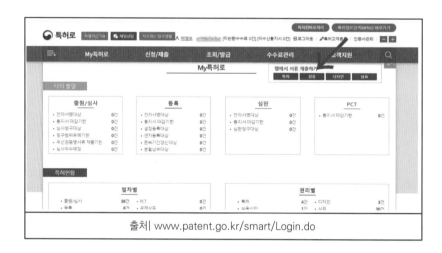

출처| www.patent.go.kr/smart/Login.do

3. 〔출원절차서류〕를 누릅니다.

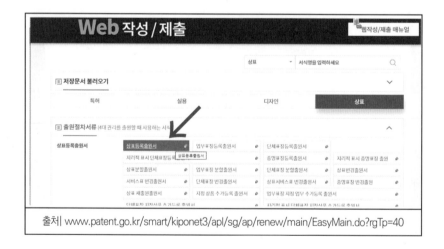

출처| www.patent.go.kr/smart/kiponet3/apl/sg/ap/renew/main/EasyMain.do?rgTp=40

4. 〔상표등록출원서〕를 누릅니다. 〔웹작성〕 화면이 열립니다.

출처| www.patent.go.kr/smart/kiponet3/apl/sg/ap/renew/main/DrawApplication.do

화면에서 'KIPRIS 상품명칭(상품류)검색 확인하기'를 눌러서 상표로 사용할 상품 종류를 검색하고 선택합니다. 1개류에 10개 이내의 상품까지 '기본료'가 적용됩니다. 상품류를 추가하거나 상품 가짓수를 추가할 경우 추가 비용이 합산됩니다.

5. 화면에서 상품 '류'를 선택해서 여러분이 상표를 출원하고자 하는 상품들을 선택합니다.

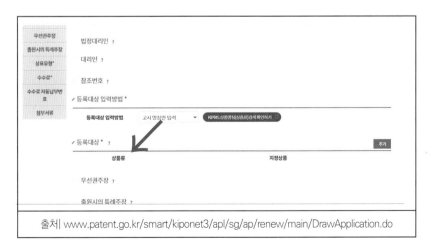

출처| www.patent.go.kr/smart/kiponet3/apl/sg/ap/renew/main/DrawApplication.do

6. [상표 유형]을 눌러서 여러분이 출원하려는 상표의 유형을 선택합니다.

소리, 동작, 색채상표 등, 다양한 형태의 상표를 출원할 수 있습니다. 상표 출원신청서를 모두 작성하고 출원료를 결제하면 특허청에서 심사 후에 등록 여부가 결정되어 연락이 옵니다.

기존에 등록된 상표가 없다면 여러분이 출원한 상표를 사용하실 수 있습니다. 혹시 누군가 여러분의 상표(가게 이름, 메뉴 이름)를 모방해서 사용한다면 여러분은 '상표출원증명서'를 근거로 그 사람에게 '경고'를 하실 수 있습니다. 상표 출원 상태에서는 사용할 수 있겠지만 상표가 등록된 이후부터는 사용할 수 없다고 미리 고지해두는 것입니다.

상표 출원부터 등록까지 소요되는 기간은 6개월에서 1년여의 시간이 소요되는데 확정적인 것은 아닙니다. 출원자가 많을 경우에는 심사 기간이 더 오래 소요될 수도 있습니다. 만약 등록심사에서 의견 제출이 필요할 경우 출원인이 의견을 추가로 제출해야할 경우도 있습니다.

위처럼 상표 등록의 종류는 여러분의 창작한 식당의 상호 디자인이나 음식 형태와 상당히 유사하다고도 할 수 있습니다. 소리는 오디오, 그림은 디자인, 그 외에 동영상이나 디지털 텍스트 형태 등 여러 가지 상표 출원 및 등록이 가능하기 때문입니다.

2. 골목식당 상호 및 메뉴 사용 계약서

상표 사용 계약서

_____(이하 "갑"이라 한다)과 _____(이하 "을"이라 한다)는(은) '갑'이 소유한 상표(이하 "본 상표")에 대한 사용에 관하여 아래와 같이 계약(이하 "본 계약"이라 한다)을 체결한다.

제 1 조 [목적]

본 계약은 갑이 개발하거나 또는 법적 행위에 의해 상표 등록을 마친 본 상표를 사용하여 을이 _____ 등의 사업을 _____ 함에 있어서 필요한 제반 사항을 정함을 그 목적으로 한다.

제 2 조 [취급 상품]

을은 본 계약기간 동안 별지1 기재의 상품류에 한하여 본 상표를 사용하여 제조 및 판매를 할 수 있다. 그러나 특정연령을 대상으로 하거나 특수한 기능성이 수반되는 상품 및 특정 아이템에 대하여 을이 본 상표를 사용하여 사업할 의사가 없는 경우 갑은 을의 서면에 의한 사전동의를 받아 직접 사업을 수행하거나 제3자에 대하여 별도의 사용 계약을 추진할 수 있다.

제 3 조 〔계약 지역〕

본 계약에서 정한 바에 따라 을이 대한민국 영토 내에서 본 상표를 사용하여 제조한 상품(이하 "본 제품"이라 한다)은 대한민국 영토 내에 한하여 판매할 수 있다. 다만, '갑'의 서면에 의한 사전동의가 있는 경우 '을'은 본 제품을 대한민국 영토 외의 지역으로 직접 수출하거나 제3자로 하여금 수출하도록 할 수 있다.

제 4 조 〔로열티〕

① 을은 본 상표에 대한 로열티로 본 제품의 공급가격의 __%를 갑에게 지급한다.

② 제3조 단서에 따라 갑이 을에 대하여 본 제품의 해외 수출에 동의한 경우 을은 본 상표에 대한 로열티로 본 제품의 수출가격(수출에 소요되는 제반 경비는 제외함)의 __%를 갑에게 지급한다. 이때 을은 신용장 및 이와 동일한 효력을 갖는 판매 증빙자료를 갑에게 제출하여야 한다.

③ 을은 로열티 정산을 위하여 매달 마감 정산 후 다음달 10일까지 갑에게 판매내역을 보고하여야 하고, 을이 산정한 당해 판매내역에 대한 로열티 금액에 대하여 갑의 이의가 없을 경우 을은 갑에게 판매내역 보고일에 이은 을의 제7영업일 이내에 당해 판매내역에 대한 로열티를 지급한다. 그러나 갑이 당해 판매내역 또는 을이 산정한 로열티에 대하여 판매내역 보고를 받은 날로부터 그에 이은 갑의 제3영업일 이내에 서면으로 이의를 제기하는 경우 을은 그 사유를 해명하여야 하고, 로열티의 지급은 갑과 을의 합의시까지 유보된다.

④ 을은 기지급된 로열티 및 판매내역에 관한 정보 확인과 정산서류의 감사를 위하여 갑 또는 갑의 위임을 받은 자로 하여금 을의 회계장부에 접근할 수 있는 권리를 부여할 수 있다.

제 5 조 〔표시〕

을은 본 상표를 이용한 홍보, 광고 및 갑의 서면에 의한 사전동의를 받은 판촉물, 본 제품 또는 아트워크 등에 반드시 별지2 기재와 같이 갑의 저작권 표시를 하여야 한다.

제 6 조 〔증지〕

을은 본 제품을 유통시키기 전에 반드시 갑이 제공하는 증지(홀로그램)를 본 제품의 상품단위별로 부착하여야 하며, 본 제품에 부착된 증지는 로열티 정산시 기본 자료로 활용된다.

제 7 조 〔준수사항〕

을은 본 제품의 생산 및 유통 그리고 홍보, 광고의 실행 및 판촉물의 제작, 배포시에 다음 각 호와 같은 사항을 준수하여야 한다.

1. 본 상표를 불명예스럽게 하거나 본 상표의 이미지에 해를 끼치지 아니한다.

2. 갑의 서면에 의한 사전동의 없이 본 제품을 무상 판촉물 또는 무상 제공용품으로 판매하거나 유통시키지 아니한다.

3. 첫 시제품은 본 계약체결일로부터 3월 이내에 생산 및 판매하여야 하며, 매분기별로 적절한 시제품을 개발하여 생산 및 판매하여야 한다.

제 8 조 〔사용 매뉴얼〕

① 갑은 본 계약체결일로부터 15일 이내에 본 상표의 색상운용 및 사용서가 있는 매뉴얼을 을에게 제공한다.

② 을은 갑이 제공한 매뉴얼에 수록된 모든 내용을 충실히 이행하여야 하며, 사용설명서의 내용이 명확하지 아니하다고 판단 될 경우 갑과 협의하여 조정하여야 한다.

③ 을은 갑으로부터 제공받은 매뉴얼 및 관련 자료를 제3자에게 유출하거나 본 계약의 이행 이외의 목적으로 사용할 수 없다.

제 9 조 〔아트워크 승인 및 샘플〕

① 을은 아트워크를 완성하여 본 제품에 적용, 생산하기 전에 갑이 인식 및 판독할 수 있는 형태로 갑에게 제시하여야 하며, 갑은 아트워크를 제시받은 날로부터 7일 이내에 팩스 또는 기타의 서면으로 승인여부 및 의견을 을에게 통지하여야 한다.

② 을이 본 제품의 홍보, 광고 및 판촉과 관련하여 본 상표를 이용하는 경우, 을은 제1항과 같이 갑에게 아트워크 및 관련 서류의 초안을 제시하여 갑의 승인을 받아야 한다.

③ 갑이 아트워크 및 색상의 수정을 요구하는 경우 을은 갑의 요구에 따라야 한다. 그러나 인쇄기술, 인쇄방법 또는 기타 부득이한 사유로 갑의 요구에 따를 수 없을 경우 을은 갑에게 이러한 사유를 소명하고, 갑과 협의하여야 한다.

④ 을은 주생산이 완료된 후 단위 포장의 본 제품 각 2개를 갑에게 무상 견본으로 제공하여야 한다.

제 10 조 〔판매계획〕

을은 서면으로 갑에게 본 제품과 관련하여 적용하고자 하는 상품의 종류, 본 제품의 공급가격 등에 대한 판매계획, 단품별 전기 생산내역의 통보, 본 제품에 부착할 증지 교부신청 등을 하여야 하고, 갑은 을의 판매계획에 따른 본

제품의 판매에 지장이 없도록 지체없이 을에게 증지를 무상으로 교부하여야
한다.

제 11 조 〔책임과 권리〕

① 갑은 을이 전개하는 본 상표의 사용 사항을 수시로 문의할 수 있으며, 을은
성실한 자세로 이에 응하여야 한다.

② 갑은 본 상표의 디자인에 관련된 을의 서면문의에 대하여 서면접수일로부
터 그에 이은 갑의 제7영업일 이내에 을에게 동의 또는 승인여부를 통지하여
주어야 한다.

③ 갑은 본 상표와 관련된 을의 사업에 방해가 되는 모조품을 단속하여 적적
할 조치를 취하여야 하고, 을은 이에 협조하여야 한다. 다만, 을이 동의하는
경우 갑은 을에게 이러한 단속 및 조치권한을 위임할 수 있다.

제 12 조 〔광고 등〕

① 갑은 본 상표의 사용과 관련하여 필요에 따라 을이 요청하는 경우 갑의 비
용으로 본 상표에 관한 광고 및 판촉물을 제조하여 을에게 무상으로 제공하
며, 을은 갑이 지정하는 목적으로만 이를 사용할 수 있다.

② 을은 본 상표를 사용함에 있어 갑이 보유하고 있는 광고, 홍보물 또는 전단
등에 필요한 모든 자료를 갑과 협의하여 사용할 수 있다.

③ 갑에 의한 본 상표 프로모션 및 마케팅 활동이 본 계약에 따른 을의 영업에
관련성이 있다고 인정될 경우 을은 적절하게 갑의 활동을 지원한다.

제 13 조 〔비밀준수〕

① 갑과 을은 본 계약기간 중은 물론 본 계약의 종료나 해지이후에도 본

계약의 이행과정에서 알게 된 상대방의 영업비밀을 상대방의 서면동의 없이 제3자에게 유출하거나 본 계약의 이행 이외의 목적으로 이용하여서는 아니 된다.

② 갑과 을은 자신의 임직원, 대리인, 사용인 등 기타 관련자로 하여금 제1항과 동일한 비밀준수 의무를 지도록 한다.

제 14 조 〔통 지〕

갑과 을은 본 계약 체결 당시에 알고 있는 상호, 대표자, 소재지, 업종, 납세번호의 변경 및 기타 계약당사자의 주요사항이 변동되거나 합병, 영업양도, 부도, 화의, 회사정리, 파산 등 신용상태에 변경이 있거나 변경될 우려가 있는 경우 이를 지체없이 상대방에게 통지하여야 한다.

제 15 조 〔양도 등 금지〕

갑과 을은 상대방의 서면에 의한 사전동의 없이 본 계약상의 일체의 권리, 의무 등을 제3자에게 양도 증여 대물변제 대여하거나 담보로 제공할 수 없다.

제 16 조 〔계약기간〕

본 계약의 유효기간은 계약체결일로부터 _년으로 하고, 계약기간 만료일 _월 전까지 별도 서면에 의한 의사표시가 없는 한 동일한 조건으로 _씩 자동 연장되는 것으로 한다.

제 17 조 〔계약의 변경〕

본 계약의 일부 또는 전부를 변경할 필요가 있는 경우에는 갑과 을의 서면 합의에 의하여 이를 변경하고, 그 변경내용은 변경한 날 그 다음날부터 효력을 가진다.

제 18 조 〔계약의 종료 및 해지〕

① 갑 또는 을은 다음 각 호의 사유가 발생한 경우에는 계약기간에 관계 없이 상대방에 대한 서면통지로써 본 계약을 해지할 수 있고, 이때 쌍방의 기한의 이익은 상실된다.

1. 상대방이 정당한 사유없이 본 계약 또는 본 계약에 따라 별도로 체결한 약정에서 정한 사항을 위반하고 서면으로 시정요구를 받은날로부터 10일 이내에 해당 위반사항을 시정하지 않은 경우

2. 자신 또는 상대방에 대하여 주요재산에 대한 보전처분결정 및 강제집행, 국세 또는 지방세의 체납절차, 화의, 회사정리, 파산 등의 개시로 인하여 더 이상 계약유지가 곤란한 경우

3. 본 계약에서 정한 갑 또는 을의 업무내용이 관련 기관의 인허가 미비 등 법률상의 하자가 있는 경우

4. 상거래관행에 어긋나는 행위로 인하여 상대방의 신뢰를 해치는 등 기타 본 계약을 수행하기 어려운 중대한 사유가 발생한 경우

② 제2항의 해지는 갑과 을의 손해배상 청구에 영향을 미치지 아니한다.

③ 본 계약이 종료 또는 해지되는 경우 을은 본 캐릭터의 사용을 즉시 중지하고, 갑은 그때부터 제3자와 본 캐릭터를 사용하는 본 제품에 관한 라이선스계약을 체결할 수 있다.

④ 을의 본 제품에 대한 재고 소진기간은 계약해지 또는 종료일로부터 6월로 하고, 그 기간이 경과하도록 판매하지 못한 본 제품에 대하여는 갑이 을로부터 제조원가로 인수하거나 제3자가 인수하도록 갑이 중재하며, 중재가 이루어지지 않을 경우 갑 또는 갑이 지정하는 자의 참관 하에 폐기한다. 단, 이

기간 동안에 발생한 매출에 대해서는 로열티의 지급을 중단한다.

제 19 조 〔유보사항〕

① 본 계약에서 정하지 아니한 사항이나 해석상 내용이 불분명한 사항에 대해서는 관계법령 및 상관습에 따라 상호 협의하여 결정한다.

② 제1항과 관련하여 필요한 경우 갑과 을은 별도의 약정을 할 수 있으며, 이는 본 계약의 일부를 이룬다.

제 20 조 〔관할법원〕

본 계약과 관련하여 소송상의 분쟁이 발생한 때에는 _의 주된 사무소 소재지 관할법원을 관할로 한다.

본 계약의 내용을 증명하기 위하여 계약서 2부를 작성하고, 갑과 을이 서명 또는 날인한 후 각 1부씩 보관한다.

20 년   월   일

갑:

을:

3. 참고 문헌 및 함께 읽으면 좋은 자료

김치 이야기, 부산대학교 김치연구소, 부산광역시 금정구 부산대학로63번길 2 (장전동)
kimchi.pusan.ac.kr/kimchi/43686/subview.do

[新팔도명물]알고 먹으면 더 맛있는 '춘천 닭갈비', 경인일보, 발행일 2021-04-08 제14면
www.kyeongin.com/main/view.php?key=20210407010001287

칼국수-두부두루치기 묶어 '대전정식'을 만들자, 이지수 기자, 다트뉴스24, 2011.04.25. 16:34
www.dtnews24.com/news/articleView.html?idxno=316404

제철 스시는 맛 두 배…가을엔 꽁치, 겨울엔 방어, 은정진 기자, 한국경제신문, 2021.09.02. 17:02 www.hankyung.com/life/article/2021090283611

일본식당: 골목장사 천재들, 이영호 글, 도서출판 서훈, 총672쪽, 2021.

『한국요리문화사(韓國料理文化史)』(이성우,교문사,1985)
『한국민속대관(韓國民俗大觀)』(고려대학교민족문화연구소,1980)
『식품(食品)과 조리원리(調理原理)』(박일화,수학사,1974)
『한국문화사대계(韓國文化史大系)』Ⅳ (고려대학교민족문화연구소,1970)

굴밥, 강인희, 1996년, 한국민족문화대백과사전, 한국학중앙연구원
encykorea.aks.ac.kr/Contents/Item/E0006745

지역 향토 음식 '바다의 우유'로 만든 국밥, 통영 굴 국밥, 글_박상두, 지역N문화, 한국문화원연합회 ncms.nculture.org/food/story/1792

〈맛난 음식〉 고난의 역사 딛고 태어난 의정부부대찌개, 임형두 기자, 2016-11-16, 연합뉴스
www.yna.co.kr/view/AKR20161104054400805

고기 한점 굽고 추억도 구워 먹는 연탄불 구이 맛집, 유성호의 맛있는 동네 산책, 문화지평 기자
brunch.co.kr/@shy1967/77

[대구의 맛있는 이야기 .4] 연탄석쇠구이 이야기, 이춘호, 2015-12-01, 영남일보 2015-12-01 제12면 www.yeongnam.com/web/view.php?key=20151201.010120736520001
어알탕, 한국민족문화대백과사전, 이효지, 1996, 한국학중앙연구원
encykorea.aks.ac.kr/Contents/Item/E0036023

주영하의 음식 100년 (19)명란, 주영하, 한국학중앙연구원 교수, 2011.07.12. 경향신문
www.khan.co.kr/culture/culture-general/article/201107122128575

명란의 '쩡한 맛' 느껴본 적 있나요, 고영(음식문헌 연구자), 2018.11.03., 시사인
www.sisain.co.kr/news/articleView.html?idxno=33095

족발, 한국의식주생활사전 〉식생활, 손정우(孫禎佑), 한국민속대백과사전, 국립민속박물관
folkency.nfm.go.kr/kr/topic/detail/8031

야식계 '발군의 맛'…쫀득한 껍질과 고소한 살코기의 하모니, 이우석, 2021년 11월 18일, 문화일보 www.munhwa.com/news/view.html?no=2021111801031812000001

〔취향의 발견〕〔박찬일의 서울 맛골목 이야기〕 낙지 울리는 주꾸미의 매운맛, 서울사랑, 2021-03-03 https://opengov.seoul.go.kr/seoullove/view/?nid=22439880

나른한 봄, 제철 주꾸미 어떠세요?, 백미현 기자, 공감, 2021.04.05.
gonggam.korea.kr/newsView.do?newsId=GAJaegD9kDGJM000

〔보양로드⑤〕폭염 독립문서 땀과 감동의 '도가니', 김철현, 권성회, 2016.08.09., 아시아경제
www.asiae.co.kr/article/2016080910410133182

도가니탕, 한국의식주생활사전 〉식생활, 집필자 차경희(車京姬), 한국민속대백과사전
folkency.nfm.go.kr/kr/topic/detail/7497

是議全書, 園幸乙卯整理儀軌
시의전서, 원행을묘정리의궤 → 정리의궤: 1795년, 정조 19년에 정조 생부(生父)인 사도세자(思悼世子)의 회갑에 회갑이 멀지 않은 그의 어머니이자 사도세자의 부인인 혜경궁 홍씨(惠慶宮洪氏)의 회갑연을 함께 거행하면서 정한 의절을 기록한 의궤(출처| 한국한자어사전)

축산물유통종합정보센터(ekapepia.com)

미쉐린이 선택한 60년 전통 독립문역 대성집, 다스베이글 기자, 2017.05.27., 매일경제
www.mk.co.kr/news/business/view/2017/05/354379/

〔맛있는 이야기〕 '떡볶이 얼마나 아세요?' '떡볶이의 역사', 경민경 기자, 2021.03.12., 문화뉴스
www.mhns.co.kr/news/articleView.html?idxno=501541

'역사로 보는 음식의 세계', 이은정 글, 강영지 그림, 크레용하우스, 2020년 10월 15일 출간

[역사로 보는 음식의 세계] 떡볶이, 정준양 기자, 2021.10.12., 소년한국일보
www.kidshankook.kr/news/articleView.html?idxno=1089

궁중의 식탁에서 전국의 길거리로 퍼져나간 떡볶이의 역사, 정재균 PD, 2014.03.27., 조선닷컴
food.chosun.com/site/data/html_dir/2014/03/25/2014032500545.html

고기수첩(주선태, 우듬지, 2012)
육류요리(노진화, 한림출판사, 1983)
소 내장육을 이용한 음식에 관한 고찰(손정우, 배화논총22, 배화여자대학, 2003)
식품의약품안전처(mfds.go.kr)
곱창구이, 한국민속대백과사전, 한국의식주생활사전 〉식생활, 집필자 이규진(李揆珍)

소곱창,대창 손질법♥질기지 않게 연육하기♥손쉽게 조리하기 위해 삶기, 자유부인식당, 만개의 레시피 www.10000recipe.com/recipe/6929760

'구룡포 과메기'의 역사문화적 변천 - 재료와 제조법을 중심으로-, 이대화(중앙대학교),
한국역사민속학회/역사민속학/역사민속학 제57호, 2019.1253 - 80 (28 pages)
www.dbpia.co.kr/Journal/articleDetail?nodeId=NODE09299717

근대 신문으로 보는 음식 〉전통 음식과 식재료의 변화청어에서 꽁치로 바뀐 과메기, 강문석, 지역N문화, 한국문화원연합회 ncms.nculture.org/legacy/story/2939

장 드 팡주. 콘스탄스 테일러, 심재중.황혜조 옮김. 코리아에서: 프랑스 역사학자의 한반도 여행기. 파주: 살림, 2013.

주영하. 〔주영하의 음식 100년〕(25) 청어 과메기-껍질 벗긴 쫀득한 속살의 유혹. 경향신문 (2011.08.23.): 문화일반

『전통향토음식 용어사전』(농촌진흥청 국립농업과학원, 교문사, 2010)

과메기, 한국민족문화대백과사전, 집필(2015년), 정혜경(호서대학교 식품영양학과), 한국학중앙연구원 encykorea.aks.ac.kr/Contents/Item/E0076612

일본인이 만든 고급진 어묵, 해방 후 우리 기술로 바꿔 대중화, 디지털콘텐츠팀, 2019-04-02, 국제신문

최원준 음식문화 칼럼니스트 · 시인, 공동기획: 부산중구 · 국제신문 · (사)부산스토리텔링협의회
www.kookje.co.kr/news2011/asp/newsbody.asp?code=0300&key=20190403.22020007854

우리 음식의 맛과 이야기 어묵의 새 변화, 고급 간식이 된 어묵, 서정화, 지역N문화, 한국문화원연합회 ncms.nculture.org/food/story/1751

오뎅의 종류와 특징, 이피디아 epedia.tistory.com/152

『백미백상(百味百想)』(홍승면, 학원사, 1983)
『한국요리문화사』(이성우, 교문사, 1985)

어복쟁반, 조창숙, 한국민족문화대백과사전, 한국학중앙연구원

어복쟁반, 평양 시장상인이 겨울에 먹는 별미, 명준호, 2009.01.09., 매일경제
www.mk.co.kr/news/business/view/2009/01/17784/

먹다가 정분 날라, 낭만의 어복쟁반, 예종석, 2008-02-13, 한겨레

www.hani.co.kr/arti/specialsection/esc_section/269375.html

〔오래된 맛, 음식 名家 이야기〕어복쟁반의 재발견, 대동문, 정수정, 2017.08.28., 주간조선 2472호 m.weekly.chosun.com/client/news/viw.asp?ctcd=c09&nNewsNumb=002472100021

주영하. '〔주영하의 음식 100년〕(23 돼지순대', 경향신문 (201.08.08)문화일반
'자랑거리 음식솜씨 (13) 꼭 알어둘 이달료리법', 동아일보 (1931.02.05): 4면 생활/문화

'肉類(육류)「내장식품」위생 엉망', 동아일보 (1984.09.28): 6면 경제
'세월만큼 우러 나는 깊은 맛', 경향신문 (1997.01.16): 29면 생활/문화.

귀한 음식에서 서민음식이 된 순대, 강문석, 지역N문화, 한국문화원연합회 ncms.nculture.org/legacy/story/2871

〔맛의유래〕순대의 역사, 대전매일, 2002년 11월 08일, 충청투데이 www.cctoday.co.kr/news/articleView.html?idxno=2724

결착제를 달리한 순대의 성분에 관한 연구(손정우·염초애·이숙미, 한국식품조리과학회지15-3, 한국식품조리과학회, 1999),

전통향토음식사전(국립농업과학기술원, 교문사, 2010)
한국음식대관2(한국문화재보호재단, 한림출판사, 1999)

순대, 손정우(孫禎佑), 한국의식주생활사전 〉식생활, 한국민속대박과사전, 국립민속박물관
folkency.nfm.go.kr/kr/topic/detail/7803

닭꼬치, 2010년 05월 10일, 구루나비
gurunavi.com/ko/japanfoodie/2010/05/yakitori.html?__ngt__=TT12b1311c

0003ac1e4aed0fyQfhwgAnT9jLdhD4v0DXma

〔황광해의 역사속 한식〕닭고기, 황광해 음식평론가, 2016-01-12, 동아일보
www.donga.com/news/Culture/article/all/20160112/75847033/1

비빔밥의 역사, 한국콘텐츠학회논문지 v.15 no.11, 2015년, pp.603 - 615, 정경란(한국학중앙연구원)
scienceon.kisti.re.kr/srch/selectPORSrchArticle.do?cn=JAKO201535258425465&dbt=NART

비빔밥, 사|비빔밥세계화사업단 koreancuisine.kr/2012/inner.php?sMenu=D1000

양푼, 강인희, 한국민족문화대백과사전, 한국학중앙연구원
encykorea.aks.ac.kr/Contents/Item/E0035845

치킨의 역사, 이마루, 2014.06.05., 얼루어(allure) FEATURE
www.allurekorea.com/2014/06/05/%EC%B9%98%ED%82%A8%EC%9D%98-%EC%97%AD%EC%82%AC/

프라이드 치킨과 포계 사이의 오해와 진실 - 닭고기 이야기, 황광해, 2018-08-01, 문화재청
www.cha.go.kr/cop/bbs/selectBoardArticle.do?nttId=72430&bbsId=BBSMSTR_1008&mn=NS_01_09_01

600년전 조선시대에도 치맥이? 역시 한국은 치맥의 나라, 임경진 기자, 2020.10.16., 탑스타뉴스
www.topstarnews.net/news/articleView.html?idxno=839783

〔맛깔나는 역사〕연포탕엔 원래 낙지가 들어가지 않았다?, 이현우 기자, 2019.02.17., 아시아경제

www.asiae.co.kr/article/2019021515583944515

〔윤덕노의 음식이야기〕〈25〉연포탕, 윤덕노, 2011-04-15, 동아일보
www.donga.com/news/Culture/article/all/20110415/36431867/1

조방 낙지볶음, 박종호, 부산역사문화대전
busan.grandculture.net/Contents?local=busan&dataType=01&contents_id=GC04210105

산낙지(낙지회), 서모란, 한식문화사전, (사)한국지역인문자원연구소, 한국문화원연합회
www.kculture.or.kr/brd/board/640/L/menu/641?brdType=R&thisPage=52&bbIdx=11756&searchField=&searchText=&recordCnt=10

개성에서 유래된 보쌈김치, 김양희, 2008.12.11., 통일뉴스
www.tongilnews.com/news/articleView.html?idxno=81870

맛과 정성을 감싸 안은 개성 보쌈김치, 안순환, 지역N문화, 한국문화원연합회
ncms.nculture.org/food/story/1776

우리나라 만두의 역사, ㈜엄지식품
www.umjifood.com/bbs/board.php?bo_table=story

만두 문화의 역사적 고찰, 정혜경(호서대학교 식품영양학과), 2008.
www.koreascience.or.kr/article/CFKO200835161996542.pdf

Reay. Tannahill (1973) 손경희역 (1991) 식품문화사, 효일문화사
Maguelonne Toussaint-Samat (1987) 이덕환역 (2002) 먹거리의 역사, 까치글방

Christoph Neithart, 박계수역 (2007) 누들, 시공사

이성우 (1998) 한국요리문화사, 교문사

김기숙, 이미정, 한복진 (1999) 고조리서에 수록된 만두의 종류와 조리법에 관한 고찰. 동아시아식생활문화학회지 9(1).

수라조개찜, 안산맛집,
food.ansan.go.kr/ASF/bbs/content.php?co_id=s32

『한국민속대관(韓國民俗大觀)』2(고려대학교민족문화연구소,1980)
『관혼상제(冠婚喪祭)』(이민수 편역,을유문화사,1975)

메밀국수, 강인희, 1997년, 한국민족문화대백과사전, 한국학중앙연구원
encykorea.aks.ac.kr/Contents/Item/E0018127

짬뽕, 한복진(전주대학교 문화관광학부), 2010년, 한국민족문화대백과사전, 한국학중앙연구원
encykorea.aks.ac.kr/Contents/Item/E0068475

『음식천국,중국을 맛보다 · 이야기 속 중국 음식문화』(정광호,매일경제신문사,2008)

『중국,중국인,중국음식』(주영하,책세상,2000)

〔맛있는 음식의 역사〕한국인의 소울푸드 김치찌개, 김정미, 2015.02.14., 조선비즈
biz.chosun.com/site/data/html_dir/2015/02/12/2015021202207.html

한국인에게 김치찌개란?, 예종석, 2012.05.28., 공감
gonggam.korea.kr/newsView.do?newsId=148733812

두루치기, 한국의식주생활사전 식생활, 이규진(李揆珍), 한국민족문화대백과사

전, 한국학중앙연구원 folkency.nfm.go.kr/kr/topic/detail/7528

한국요리(왕준연, 선문출판사, 1976)
한국의 전통향토음식8-경북(농업과학기술원, 교문사, 2008)
겨울철 별미(동아일보, 1977.12.13.)
돼지고기 두루치기(아시아타임즈, 2017.11.14.)
제맛 잃어가는 묵은지(동아일보, 1972.2.4)

탕 · 찜 · 회 · 볶음 · 구이… '맛'강한 오징어, 김상화, 2021-01-24, 서울신문
www.seoul.co.kr/news/newsView.php?id=20210125018005

국수, 윤서석, 1995년, 한국민족문화대백과사전, 한국학중앙연구원
encykorea.aks.ac.kr/Contents/Item/E0006369

『한국요리문화사』(이성우,교문사,1985)
『한국음식』(윤서석,수학사,1980)

떡갈비, 한국의식주생활사전 〉 식생활, 정혜경(鄭惠京), 한국민속대백과사전, 국
립민속박물관
folkency.nfm.go.kr/kr/topic/detail/7543

우리가 정말 알아야 할 우리음식 백가지 1 (한복진, 현암사, 1998)
전통향토음식 용어사전(국립농업과학원, 교문사,

한식이야기 '떡갈비', 한식진흥원, 한식외식청보(주), 2018.10.26., 대한급식신문
www.fsnews.co.kr/news/articleView.html?idxno=31119

불고기, 한국의식주생활사전 〉 식생활,　정혜경(鄭惠京), 한국민속대백과사전,
국립민속박물관
folkency.nfm.go.kr/kr/topic/detail/7698

고등요리실습(방신영, 장충도서출판사, 1958)

문헌에 나타난 불고기의 개념과 의미변화(이규진, 한국식생활문화학회지25-5, 한국식생활문화학회, 2010)

우리가 정말 알아야 할 우리음식 백가지2(한복진, 현암사, 1998)

[맛있는 음식의 역사] 육개장, 김정미, 2015.03.22., 조선비즈
biz.chosun.com/site/data/html_dir/2015/03/19/2015031902390.html

개장국에 소고기를 넣으면 육개장, 강문석, 지역N문화, 한국문화원연합회
ncms.nculture.org/legacy/story/2857

밀면, 박종호, 부산역사문화대전,
busan.grandculture.net/Contents?local=busan&dataType=01&contents_id=GC04210139

밀면 레시피, 월간외식경영, 2014.05.30., 조선닷컴
food.chosun.com/site/data/html_dir/2014/05/28/2014052801338.html

닭수육, 요록(要錄), 1680년경, 램프쿡
www.lampcook.com/food/food_dic_view.php?idx_no=2078

김밥대백과 (삼성출판사 편집부, 삼성출판사, 2010)

김밥, 김춘련, 1995년, 한국민족문화대백과사전, 한국학중앙연구원
encykorea.aks.ac.kr/Contents/Item/E0009172

돼지가 마포나루로 간 까닭은? 마포 돼지갈비, 정윤화, 지역N문화, 한국문화원연합회
ncms.nculture.org/food/story/761

쫄면, 한국의식주생활사전 〉식생활, 편성철(片成哲), 한국민속대백과사전, 국립민속박물관
folkency.nfm.go.kr/kr/topic/detail/8061
박만두씨의 원조 쫄면 만들기(경향신문, 1998. 8. 31)

디지털인천남구문화대전(michuhol.grandculture.net)

게장, 한식문화사전, (사)한국지역인문자원연구소, 서모란, 한국문화원연합회
www.kculture.or.kr/brd/board/640/L/menu/641?brdType=R&thisPage=7&bbIdx=11587&searchField=&searchText=&recordCnt=10

증보한국식품사연구 (윤서석, 수학사, 1984)

게장, 한재숙, 1995년, 한국민족문화대백과사전, 한국학중앙연구원
encykorea.aks.ac.kr/Contents/Index?contents_id=E0002121

춘천막국수, 한국의식주생활사전 〉식생활, 김도현(金道賢), 한국민속대백과사전, 국립민속박물관
folkency.nfm.go.kr/kr/topic/detail/8098

대를 잇는 춘천막국수(김복남·박미현, 강원도민일보·강원도문화원연합회, 2014)

김치 중국어 표기는 ´신치´…문체부 훈령 개정안 시행, 전성운 기자, 2021.07.22., 여성신문
https://news.naver.com/main/read.naver?mode=LSD&mid=sec&sid1=102&oid=310&aid=0000089324

엔화의 추락하는 일본..´선진국 함정(HIT)´ 빠졌다〔한상춘의 지금 세계는〕, 11:40, "날고기 먹는 후진국, 초밥을 글로벌 브랜드로", 정연국 기자, 2022. 03.

소문사설 聞事說 한국의식주생활사전 〉 식생활, 이소영(李昭), 한국민속대백과사전, 국립민속박물관 folkency.nfm.go.kr/kr/topic/detail/7766

가마보곳(『소문사설』), 한식문화사전, (사)한국지역인문자원연구소, 서모란, 한국문화원연합회
www.kculture.or.kr/brd/board/640/L/menu/641?brdType＝R&thisPage＝1&bbIdx＝12271&searchField＝&searchText＝&recordCnt＝10

순대 어원, 국립국어원
www.korean.go.kr/front/onlineQna/onlineQnaView.do?mn_id＝216&qna_seq＝93524

독도새우, 〔한국지방신문협회 공동기획 新팔도명물〕 경북 독도새우 · 울릉도 산채 비빔밥, 2021-09-03, 글| 매일신문 배형욱 기자, 경남신문
m.knnews.co.kr/mView.php?idxno＝1359433&gubun＝

독도새우, 부자든 서민이든 똑같이…고려시대부터 즐긴 ′그놈′, 머니투데이, 세종＝최우영 기자
news.mt.co.kr/mtview.php?no＝2021122615143361573

독도새우, 독도박물관, www.dokdomuseum.go.kr/ko/page.do?mnu_uid＝353&

김치, 이성우, 1995년, 한국민족문화대백과사전 encykorea.aks.ac.kr/Contents/Item/E0010822

김치 역사 3000년…김장은 ‘공동체 나눔문화’, 박미향 기자, 2013-12-05, 한겨레
www.hani.co.kr/arti/culture/culture_general/614184.html